阿米尔·汗：我行我素

I'll Do It My Way

[印] 克里斯蒂娜·丹尼尔斯 著
白迪 译

北京联合出版公司
Beijing United Publishing Co.,Ltd.

目　录

Contents

目 录

Contents

译者序

白迪

2010 年夏天，一部叫作《三傻大闹宝莱坞》的影片进入了我的生活。这部曾经因为"片名太傻"而被我冷落在电脑里半年的影片，突然让我欲罢不能。影片的主角兰彻，不仅帮他的两位好友找回了人生方向，也成了我的人生导师。从那时起，我把"All is well"当成遇事时的口头禅。也是从那时起，我开始关注这个叫阿米尔·汗的印度演员。

在如饥似渴地看完了他所有的影片后，我彻底被他折服了——人生路上，他率性洒脱；影视圈里，他风生水起。阿米尔最被人称道的，是他总是听从内心的声音做出选择，而做出选择后，总是孜孜不倦地追求完美，这点更让人佩服。这期间，我翻译了很多和他相关的影片和新闻——在电影《爱在旅途》中，我看到了一个年轻的印度演员挑战好莱坞经典，并演出了自己的风格；在《印往精神——电影幕后》纪录片中，我感受到了一个电影人为自己坚信的事业，付出常人难以想象的代价；在《真相访谈》节目中，我感动于一个有责任心的印度国民为推动国家进步而奔走呼号，竭尽所能……很多影迷朋友感谢我这个“资源党”，但其实，我因为这些翻译工作，从阿米尔身上收获的精神才是无法衡量的财富。

2012 年 5 月，通过代购，我拿到了印度一家出版社出的英文版《阿米尔 · 汗：我行我素》。封面上，阿米尔背倚着墙，仰着头向上看，好像在思考，又似在抉择。那时，我正值大学最后一年，面临着就业和深造之间的选择。

我摩挲着这本厚实的书，期待与人分享。最终，我咬牙下定决心，要把整本书翻译出来，不为别的，只为感谢阿米尔带给我的启示。那一个月，除了撰写毕业论文外，我把大部分时间都用在了翻译这本书上。我在电脑上打出译文，再配上插图，然后附上自己在网上查到的背景知识……这一过程并不顺利，甚至曾经的一个操作失误，就让我丢失了大半书稿……一个多月后，就在翻译工作“杀青”的那天，我同时做出了选择——放弃工作机会，继续深造。

如今，我已经成了一名老师，很少有时间再去“追星”了。然而，在听到《阿米尔 · 汗：我行我素》要被引进国内的那一刻，我毫不犹豫地接下了翻译工作。不为别的，只为阿米尔曾经给我的指引。

翻译的过程中，需要感谢很多人，尤其是百度阿米尔 · 汗贴吧的吧友们，感谢你们的鼓励和帮助。整理书稿时，我家先生张帅承担了很大一部分工作，毫无意外地成了阿米尔的粉丝，感谢你的支持和陪伴。最后需要感谢磨铁图书引进这部传记，让更多中国人认识阿米尔，了解阿米尔。感谢编辑的细致和耐心，是你们让这本书更加精彩。

再拿起那本英文书，看着封面上那个似乎处在抉择时刻的阿米尔，我顿悟了：在他的面前，仍有无数条路等待他去选择，而他的身后，早已留下霞光万丈。

第一章

童年生活

我从没想过自己的儿子会成名，怎么会有人能预见这种事呢？

——1990 年，阿米尔·汗的父亲塔希尔·侯赛因接受《印度电影观众》专访

门铃响了，又一个人带着自己的剧本来拜访著名制片人塔希尔·侯赛因。就在他讲述自己的剧本的时候，塔希尔 8 岁的儿子小阿米尔一声不响地坐在旁边，饶有兴致地听着这个陌生叔叔讲故事。

这些年的情况都是如此，经常有人来塔希尔家聊剧本，一讲就是三四个小时。阿米尔每次都这样不声不响地听着。等儿子到了 12 岁，塔希尔有时会问问他对剧本的看法，后来干脆正式邀请他“列席旁听”。

阿米尔一直非常享受这一过程。25 年后，他参加由卡比尔·贝迪主持的《导演的剪辑》节目时，还说自己最喜欢这种讲故事的剧本交流方式。

但是，塔希尔为儿子所规划的人生完全不是如此。尽管他是印度电影业家喻户晓的人物，作为父亲，他却希望自己的孩子们远离电影产业。因此，除了听听剧本以外，阿米尔早年并没有接触任何与制片相关的事。1990 年在接受《印度电影观众》的专访时，记者问到阿米尔，塔希尔说：“我从来不想让阿米尔涉足电影产业，我认为这个产业的变数太多，不想孩子们深陷其中。”

很少有人知道塔希尔电影之路的艰辛。他和哥哥纳西尔·侯赛因早年都被电影艺术吸引，受印度电影的巨大影响，来到孟买。纳西尔 20 世纪 40 年代

末从勒克瑙[1]搬到孟买，从编剧做起，效力于“电影斯坦”制片公司，创作了《阿娜尔卡莉》（1953）等电影。1955 年，塔希尔也投奔哥哥而来。

纳西尔并不甘心一直创作剧本，他开始慢慢尝试导演，最初导演的作品是《王子家族》（1957），这部电影捧红了沙米·卡普，同时也为自己的导演事业开了个好头。他导演的第二部作品《心之所见》（1959）也获得了极大的成功，这次，他在担任导演的同时，还兼任了制片人，开始了他导演制片的生涯。他的电影作品，甚至包括其中大部分音乐，都是脍炙人口的，例如我们非常熟悉的《大篷车》（1971）。纳西尔善于起用新人演员，他的大多数电影作品，人物形象都十分鲜明，配乐也相得益彰。30 多年之后，他的经典电影和插曲，依然被人们所喜爱，电影业的新秀们也都对他敬仰有加。

相较之下，塔希尔的事业起步期要更漫长一些。他一直有一个演员梦，不过从未真正实现。在接受《印度电影观众》的专访时，塔希尔坦言：“我曾经在一些电影中出演配角，但是，因为我实在是太矮，所以不会有人找我去演主角的。”后来，他得益于一副“金嗓子”，经常和赫曼特·库马尔、阿沙·波斯雷等人一起为电影演唱插曲。不过，他并没有做多久配乐歌手。机缘巧合，哥哥纳西尔做了导演，塔希尔就开始做哥哥的助理，最终也确定了自己在电影界的定位——制片人。70 年代，多数纳西尔导演的影片，都是塔希尔出任制片人，包括经典之作《大篷车》。不过，塔希尔本人的导演梦却在几十年之后才携手儿子共同实现。[2]除了《大篷车》这样的事业高峰，塔希尔也经历过事业的低谷，例如他的影片《情锁》——耗费了六年半的时间筹备和制作，超出预算 350 万卢比。尽管这部电影票房不低，却依然让塔希尔家背上了种种债务。塔希尔就是这样，在崎岖的电影之路上艰难前行。

---

① 译者注：北方邦首府，北印度第二大城市。

② 译者注：他的导演处女作，就是 1990 年由阿米尔主演的《为了爱你》。

阿米尔目睹了父亲制片的种种痛苦经历，所以在他的电影生涯中，强烈的责任感一直伴随着他。在 2010 年的印度《时代周刊》采访中，阿米尔说："我从当演员第一天起就明白责任的意义，有一件我永远不会做的事就是拿别人的钱冒险……我的从业原则是，让所有参与我电影的人都能赚到钱。虽然，对很多电影人来说，我敢于尝试，就好像一块试验田。但是，我不会做不切实际的尝试。"事实证明，作为演员，阿米尔在尝试一些新题材电影时，也从不忽视其商业效益。同时，他尽可能保证电影的市场竞争力。他始终认为，电影最大的价值应该是娱乐价值。

尽管父亲是阿米尔接触电影业最早的启蒙，但是，通过后来的一些采访可以了解到，阿米尔和父亲并不是最亲密的。当父亲在片场辛苦一天回家时，小阿米尔很少去打扰他。在 2008 年的一次采访中，阿米尔说："在那时我只知道，父亲每天很辛苦地给我们赚口粮，所以应该不喜欢小孩子去打搅他。"当然，即便父子间有些距离，他们之间仍然有一种特殊的感情，尽管他们对于人生和电影的某些观点不尽相同，但是他们对于挑战的热衷，以及对于大银幕的执着，还是如出一辙的。

“我至今都记得厨房泡菜坛子里散发出来的味道。”

——2008 年，阿米尔 · 汗在《导演的剪辑》节目中谈到童年

阿米尔是家里的第二个孩子，他上面有一个姐姐尼卡特，下面有一个弟弟费萨尔和一个妹妹费尔哈特。由于塔希尔极不希望孩子们暴露在聚光灯下，所以阿米尔他们的童年和其他孩子并无二致。与其他闪耀着光环的明星家庭相去甚远的是，在阿米尔的童年记忆中，最难忘的是烙饼和泡菜。在 2009 年的一次节目中，他提道：“我记得童年最开心的事，就是拥有第一辆自行车。当时年纪很小，非常想要一辆自行车，妈妈就帮我买了一辆，是旁边有辅助轮的那种，这样我在骑车的时候就不用别人扶着。”

成长在孟买的城市公寓中，阿米尔的童年是在和兄弟姐妹的嬉戏中度过的，他绕着院子骑车、放风筝。后来，他还和小区的其他孩子成立了一个组织，叫“时逝军团”，阿米尔成了孩子头。他们这个组织刚开始就是玩玩游戏，后来则开始为小区居民做事，还邀请新人加盟。

相比上面这些，阿米尔对于动物和阅读更为钟爱，且延续至今。他非常喜欢动物，不仅是常见的猫、狗，甚至还包括蛇！而动物对他，似乎也有种特殊的亲近感。他的伯父纳西尔养的一条非常凶恶的狼狗对阿米尔表现得异常亲热，事实上，每次阿米尔离开伯父家时，那条大狼狗都会目送他走很远。

成年之后也是如此。他在拍摄《情侣风尘》时曾经带回一条小眼镜蛇来养。拍摄《情比金坚》的时候还收养了一条流浪狗，取名为“小石子”。小时候大人不允许他在家里养狗，所以长大之后，他就开始养各种宠物。

因为不太看电影，看书就成了小阿米尔最大的爱好，他第一次读伊妮德·布莱顿[①]的时候只有6岁。阅读一直陪伴着他成长，当他开始有零用钱的时候（每月20卢比），就把所有积蓄用来买书。据阿米尔后来说，自己儿时读了很多沃德豪斯[②]、狄更斯、托尔斯泰等名家的著作。

当时家里人认为，阿米尔是一个喜欢幻想、天真无邪、有点羞涩、偶尔搞恶作剧的小孩儿。在1990年《印度电影观众》专访中，塔希尔说自己的儿子非常让人省心。他眼中的阿米尔，比同龄的孩子要成熟、会思考、有责任感。

在塔希尔的记忆中，阿米尔唯一一次遭遇危险，是在他5个月大的时候。一天，塔希尔听到妻子和用人的呼唤，冲进房间，看到阿米尔奄奄一息地躺在床上。用人建议马上给阿米尔进行人工呼吸。5分钟的抢救后，阿米尔开始恢复知觉，被送往医院。除此之外，阿米尔可以说是麻烦的绝缘体。他早年在其他地方上学，后来又到了孟买，就在这里，他遇到了后来和自己合作的电影人阿蒂特亚·巴塔查亚，他们成了同班同学。

在《地球上的星星》（2007）的一次发布活动中，他的老师在现场“爆料”：记得当年阿米尔就是经常在门口罚站的孩子之一——他非常聪明，但是不喜欢死读书。1994年，阿米尔曾这样回忆自己的童年：“我在学校绝对是坏小子，从八年级开始，我就是班里最淘气的学生之一。但是，一回家我就变得异常安静。”他还回忆了小时候打架的经历：“我经常在放学的时候，和别人打架算账。有一次，有人打了我弟弟费萨尔，我就把那家伙打得满地找牙。那时候，

① 译者注：伊妮德·布莱顿（1897—1968），英国著名儿童文学作家。
② 译者注：沃德豪斯（1881—1975），英国小说家。

我确实是个非常好斗的孩子，没人敢惹我。”

兄弟姐妹们也列举了一些阿米尔在家淘气的趣事。事实证明，即使是成名之后，阿米尔在片场也经常淘气。儿时，他经常制造一些小游戏，让弟弟妹妹为自己跑腿。比如：他想喝水了，就会告诉弟弟和妹妹，看看谁能以最快的速度打一杯水过来。

阿米尔在自己弟弟妹妹面前是这样的形象，但是，另一个早年熟识他的人——就是纳西尔的儿子，阿米尔的堂兄曼苏尔・汗——则对他有着完全不同的认识。“我印象中的阿米尔非常害羞，非常内向。后来才知道他有当演员的想法，但是，以我对他最初的了解，很难相信这样内向的人会想当演员。这也是我首次和他合作最大的顾虑，我一直在想：这么害羞的人，会在镜头前有怎样的表现？”据他所说，阿米尔差点为此失去在银屏上发展的机会：“阿米尔用了几年时间，才在表演上彻底放开。如果你仔细比较，就能发现，现在阿米尔也是在偏重情感的戏码上表现得很好，但是其他部分，他却要多花些时间来找感觉。我个人认为他在《艳光四射》（1995）里的表现就很不错。”

在阿米尔的童年，给他带来最大影响的是他的母亲兹纳特・侯赛因。2008年，阿米尔接受采访时，很动情地回忆道：“母亲对我的影响最大，也是我最亲近的人。她的内心既强大，又感性，经常为他人着想。她是位伟大的女人！”正是这位伟大的母亲，塑造了这位巨星的人格魅力。

网球赛场是阿米尔最早得以像演员一样展示自我的舞台。有一个广为人知的趣闻是：电影人阿素托史・哥瓦力克第一次见到阿米尔是在卡尔体育中心，当时阿米尔只有 12 岁。他很早就到了，开始自己练习。阿素托史走过去问他要不要和自己一起打球，阿米尔当场拒绝，还让他别打扰自己练习。阿素托史一开始觉得这个孩子太狂妄了，但看了一会儿他的球技，就不得不承认他打得的确太好了，自己都甘拜下风。

阿米尔对于网球的追求比较执着，他打球期间从未错过一次练习，即使在斋月的禁食期间也是如此。这样的投入，使他在校期间蝉联了马哈拉施特拉邦网球联赛少年组冠军。

网球运动还教会了阿米尔博爱精神，这是阿米尔朋友和共事者们有口皆碑的一点。在 2009 年的 *Cineblitz* 杂志采访中，阿米尔说："每次比赛回来，母亲总是问我输赢。一般都是我赢，我就会很高兴地和她分享我的胜利。有一天我回家，她还是这么问，我的回答也一样。然后她说了句话，这句话改变了我对于人生的看法。她说：'我想知道输了比赛的那个孩子现在是什么感受，想知道当他走进家门说出失败的消息时他的妈妈是什么感受。'我突然明白：事情总有多面性，应该多站在别人的角度去看问题。"

阿米尔的坚持，还表现在他对于魔方的执着上。和很多同龄的伙伴一样，阿米尔也喜欢摆弄魔方，并为此花费了不少精力。不同的是，他不仅仅将自己的技艺练习到了高于一般孩子的水准，还宣称要破世界纪录！在一次采访中，他妹妹费尔哈特回忆道：有时候，她会厌倦为阿米尔计时，阿米尔就向她承诺，自己一定会破世界纪录，到时候就会郑重地在全世界面前感谢她。正是这句承诺，让费尔哈特一直担任他的计时员。

阿米尔灵活的思维，还体现在他高超的国际象棋技艺上。他从童年至今，一直都挚爱着象棋，这一点也遗传给了他的大儿子朱奈德。在印度班加罗尔管理学院拍摄《三傻大闹宝莱坞》时，阿米尔就经常和学校的象棋队队长切磋，事实证明，就连印度年轻人中最聪明的商业人才都曾是阿米尔的手下败将。

阿米尔对于自己喜欢的事物：网球、象棋和魔方，都表现出了超出常人的专注和执着，这些也都是他早期追求完美的重要体现。

电影使我快乐，这一点是最重要的。

——2010年，阿米尔·汗接受《人民》杂志专访，谈到他大学时决定进军电影界

如果我失败了，没有人再想看我的表演，那我就转战幕后，也许做导演，或者做助理导演；如果那也不行，那我就做编剧；还是不行的话，哪怕让我做个剧务也可以。因为我不能离开电影产业，我的生命都在这里。

——2001年，阿米尔·汗接受《周日观察》采访

儿时的阿米尔，虽然被父亲刻意地保护在影视圈之外，但他8岁时，还是友情出演了纳西尔制片的一部影片，演了几幕戏，还出现在电影同名歌曲中。不过，对于小阿米尔来说，片场非常可怕，他曾经在采访中回忆道："那是我第一次化妆，觉得很奇怪，像个烙饼一样被扑上粉，湿湿的，很难受，我现在还记得那个味道。"

事实上，阿米尔此前还有过一次上镜的机会，电影《爱的季节》曾想让他出演沙希·卡普小时候的角色，可惜最终没有成功。因为这部电影要求小阿米尔在一辆车上进行拍摄，而阿米尔却不愿意背叛与朋友的约定——他和制片人拉杰·科斯拉的女儿芮娜是好朋友，他们有个约定：阿米尔只能坐她的车。

成年后，阿米尔首次上镜时反而看上去有些害羞。但是在儿时，银幕上那个和家人一起唱歌，又跑到妈妈怀里的小阿米尔却是自然可爱的。

虽然有了这么一次短暂的荧屏亮相，但是阿米尔的家庭对他仍另有期望。塔希尔希望儿子能成为工程师或者医生，做梦也没有想到自己的儿子会和自己一样，将一生奉献给电影事业。和阿米尔一起做出这个选择的，还有他的同学阿蒂特亚·巴塔查亚。

阿蒂特亚出身孟买著名电影世家，是导演毕比马尔·罗伊的孙子，巴苏·巴塔查亚的儿子。两个孩子还没毕业的时候，阿蒂特亚就已独立拍摄了一个40分钟的短片《偏执狂》，通过实践摸索出了拍摄电影的过程。阿米尔以场务、助理导演、出品人等多重身份参与其中，后来阿蒂特亚还邀请阿米尔出演。阿蒂特亚回忆道："《偏执狂》是一部非常简单的电影，更像是我们做的试验品，我只是想通过那部片子知道电影到底是如何拍成的。当时我们连数码摄像机都没有，只能用16mm的胶片进行拍摄。阿米尔和我是同班同学，加上我妹妹和一些朋友的帮忙，大概拍了两三天。"

这次看似小孩儿过家家的尝试，让阿米尔真正明白了他的使命，二十多年后，在接受*M*杂志的采访时，他说："直到拍摄这部电影时，我才真正弄懂电影的拍摄过程，也正是此时，我确定这是我一生的追求——不光是以一个演员的身份，而是倾我所有，尽我所能去完成它。"就是此时，阿米尔决定辍学从影。不出所料，当他告诉家人这个决定的时候，没有一个人支持他，这场争论一直持续到深夜。后来双方各退一步：阿米尔同意一边工作一边完成学业。

不过那时的阿米尔还不确定自己想要当导演还是做演员。所以，他先加入伯父纳西尔电影《人生旅途》（1984）的拍摄工作中，进一步了解电影的拍摄工序。与此同时，他还参与拍摄了科泰·麦赫塔执导的《胡里节》（1985）。《胡里节》讲述了大学校园的一天，要求一位素人出演，就选中了阿米尔。为了出演这个角色，他不得不同意在假期拍摄。

当时男一号的人选有两个，一个是阿米尔，另一个是阿米尔在网球场上认识的朋友阿素托史・哥瓦力克。可惜，当刚剪过头发的阿米尔出现在片场的时候，阿素托史・哥瓦力克就已经被选为男一号，而阿米尔则生平第一次出演了反面角色。

这部电影得到的反馈参差不齐。阿米尔的家人对他的这个小角色多有微词，但是，当时比较有名望的演员拉特纳・帕塔克和塞博利亚・帕塔克却对这位新人演员的首次“触电”赞赏有加。阿米尔 1992 年接受采访时回忆说：“了解我的人都不满意我在这部电影里的表现，但是不了解我的人都还觉得不错。”

阿米尔在 18 岁的时候，不再想完成大学学业。他在 2001 年的一次采访中说：“我不相信文凭有决定性作用，我觉得如果你真的对一样东西感兴趣，就应该不顾一切去学习。我就是这样做的，这在当时绝对是一个重大决定。”

阿米尔无与伦比的自信以及承担巨大风险的能力，在当时已初见端倪。

第二章

新星诞生

“是不是喜欢阿米尔·汗？”这是个暴露年龄的话题。如果你20岁左右，那你一定非常爱他，如果你不是年轻人，就不会理解“为什么人们为他疯狂”。自从《冷暖人间》上映，阿米尔·汗，一颗23岁的新星，在影坛掀起了一阵青春的风潮，成为年轻姑娘的梦中情人。与之相比，阿米塔布·巴强[①]已经是“爸爸级”的演员了。

——《今日印度》，1988年

《冷暖人间》改变了电影业的发展走向，它为电影带来了理智，将音乐和故事带回到影片中，它为“巴强时代”画上了句号。电影业发生了转变，不再一枝独秀，而是迎来了百花齐放的时代。

——《印度每周总结》，1991年

信号灯变红了，一个年轻帅气的小伙子停下车，望向窗外，发现对面出租车上的乘客们惊奇地盯着他看。他们认识自己吗？好像不是，看着并不眼熟。难道是在看他旁边的人吗？也不像——直到此时，阿米尔·汗才意识到：自己已然是电影明星了。

他的人生从此改变了。

20世纪80年代末，阿米尔在电影界大红大紫，完全得益于三部电影作

① 译者注：1942年出生，宝莱坞最成功的男演员之一，主要作品《七个印度人》。

品——《冷暖人间》《灰飞烟灭》和《讲心不讲金》。可以这样说，《冷暖人间》让阿米尔成了万千年轻人心目中的偶像，《灰飞烟灭》展现了他作为演员的可塑性，《讲心不讲金》则巩固了他在年轻人心目中的不败之地。这三部影片为80年代整个印地语电影业带来了青春的气息。

当纳西尔把《冷暖人间》剧本拿给儿子曼苏尔让他执导时，曼苏尔问："爸爸，这部电影讲的是塔库尔种姓的家族矛盾，这个种姓是什么呢？"换句话说，电影不应局限于讲一个故事，而是应该与观众达成共鸣，与真实社会达成共鸣，这对于电影来说，是迈出了一大步。1988年并不是印地语电影的活跃年份，当时所有的电影都非常程式化。《印度电影观众》杂志就曾这样记载过："如果不是讲仇杀的，那就是男女主人公绕着松树跳舞，敷衍了事；如果不是哭哭啼啼、隔靴搔痒的剧情，那就是轻言得失兴亡的故事……总之，99%的电影都不值得一看。"

正是在这一背景下，纳西尔决定拍摄《冷暖人间》，这部电影讲述了一个不可调和的爱情悲剧。在曼苏尔的执导下，这部电影保留了原有的塔库尔种姓背景，将《罗密欧与朱丽叶》的古老悲剧叙事，放在了印度这个大环境下，也打破了一些陈词滥调。

阿米尔作为伯父纳西尔的助理导演，被选定作为男主角的候选人。事实上，这是纳西尔在自己上一部电影杀青时就已经公布的决定，这震惊了所有人，包括阿米尔自己。曼苏尔作为阿米尔的堂兄，一直坚信阿米尔就是《冷暖人间》男主角的最佳人选，因为他帅气、智慧，而且很会表演，他演男主角，实至名归。和他搭档的女主角是玖熹·查瓦拉，当时，她也是不为人知的新人，此前曾经出演过一部影片，不过票房一塌糊涂。《冷暖人间》拍摄前，纳西尔的公司出品了三部口碑不错但票房欠佳的电影。因此，这部电影对于纳西尔公司至关重要。为此，他们打算出奇制胜。除了起用新人，剧本的选择在当时看来也是很特殊的。本片讲述了一段纯洁美丽却过早夭折的爱情。当时的印地语电影多是大团圆结局，相对来说，《冷暖人间》非常冒险。最终，曼苏尔不顾一切的坚持收获了成功，也为阿米尔带来了“开门红”。

新导演曼苏尔从拍摄《冷暖人间》时起，就有着太多的与众不同。在1988年3月版的《印度电影观众》杂志中，他表示：“只要是我做的电影，就想要与众不同。这并不是我想哗众取宠，而是我绝不容忍老生常谈的故事，也绝不会为此停滞不前。我希望能将清晰完整的故事搬上银幕，呈献给观众，我知道有相当一部分人，实在是厌倦了那种老掉牙的情节。因此我相信，我的电影是很有市场的。”曼苏尔的这一理念，体现在他精准的剧本解读，和精益求精的人物拿捏上。

对于阿米尔来说，曼苏尔的导演方式，为他的主演首秀提供了不小的帮助，两个人是共同品味、捕捉这一人物形象的。确切地说，整个《冷暖人间》剧组，就是一个密不可分的整体。但他们的自信和热情并没有感染到发行商[①]，导致影片被搁置数月才上映。若干年后，阿米尔回忆起宣传的经历，依然记忆犹新。最终，纳西尔亲自出面，在孟买宣传了这部电影。

不出所料，媒体对电影本身并无热情。在上映前的新闻发布会上，最受关注的是作为制片人的纳西尔，以及曼苏尔是否子承父业的问题。至于主角阿米尔和玖熹，则因故缺席，显得相当神秘。当时有一段这样的视频：阿米尔在大街小巷派发《冷暖人间》传单。这在今天看来是绝对不可思议的。宣传活动中，主持人甚至在和观众的互动环节中不乏轻蔑地问：“你们认识阿米尔这号人物吗？”

电影终于迎来了公映，观众反响让所有人大吃一惊。银屏上，阿米尔抱着吉他唱道：“爸爸说我一定会有出息”，这一桥段几乎激起了所有年轻人的共

① 译者注：《冷暖人间》在上映前的宣传中不被看好。

鸣。散场后，观众们为了见阿米尔一面，纷纷在影院门口排队。

《印度每周总结》杂志这样描述“《冷暖人间》效应”：“这部影片无论得到怎样高的票房，都必不是弄虚作假，因为它当之无愧。《冷暖人间》中，男主人公没有歇斯底里地释放，他像邻家男孩一样平易近人，以真实之风席卷了全国，击败了那些银幕上看似不可战胜的英雄。影坛迸发了一位新星，而他也必将在电影界永久占有一席之地。”

对于很多处于新老交替阶段的中年人来说，《冷暖人间》从很多侧面反映了他们的生活。当主人公在爱情和家庭之间做出抉择时，观众们都为之动容。

就在英雄主义电影盛行的时代，阿米尔和玖熹用他们的青春，为影坛送来了一阵清风。古板的复仇、正义、审判题材的电影，被他们这种爱情至上主题的电影所取代。以他们为代表的城市新兴派，开始了与崇拜英雄的守旧派的斗争，也可以说，是现代与传统的斗争。

阿米尔看起来只是个普通的小伙子，他虽然帅气逼人，却与 80 年代的一般巨星不同，因为他不是那种战无不胜的英雄。在《冷暖人间》中，男主角是会被坏人打，也需要朋友解救的。

但是，正如曼苏尔预想的那样，青年观众非常喜欢这部电影，阿米尔的海报迅速取代其他明星，占领了全国青少年的卧室。就在《冷暖人间》上映百天的庆祝会上，疯狂的粉丝差点把阿米尔的衣服撕烂！

《印度电影观众》这样记载当时的“阿米尔效应”：“阿米尔也许是整个 80 年代影坛最伟大的发现：一个身量不高的小伙子，没有一点矫揉造作，整部电影中，没有费心摆出任何造型。但是，他凭借什么抓住了观众的心呢？其实，就是他的那种阳光、天真，以及面对暴力所流露出的脆弱和无助之感……总之，这种真实感让你重新相信爱情，也对那些为爱才会做的傻事深信不疑。”

五年后，阿米尔还是将《冷暖人间》作为他最喜欢的六部影片之一，他在接受《印度电影观众》杂志采访时说："我永远不会忘记，从这部电影开拍到上映，整个过程中紧张的心情。幸运的是，我和曼苏尔，还有纳西尔伯父一起研究了很久的剧本，所以我对于这个人物的把握非常到位……但是，这是我首次在表演上释放自我，每一幕都非常困难，不仅仅是对剧情，还有对浪漫情感的演绎——你要凝视着一个才认识几个月的姑娘，试图说服自己：你深爱着她——这简直太难了。"

在阿米尔和玖熹成为银屏情侣的同时，《冷暖人间》也成了当年最成功的影片。很快，印地语电影业开始大量拍摄以校园为背景的同类爱情故事。

《冷暖人间》还获得了印度"国家电影奖"最佳影片奖，这一奖项可以说是政府给予电影的最高荣誉。由于印度电影的语种繁多，所以这一全国奖项的获得，足以说明《冷暖人间》在全国范围内的广泛影响力。在被称为"印地语电影奥斯卡"的印度电影观众奖的角逐中，《冷暖人间》几乎包揽了当年所有的大奖。阿米尔同时被提名为"最佳男主角"和"最佳新人"。很可惜，最佳男主角奖最终被《辣女酸男》（1988）中扮演穆纳的亚尼·卡普获得，阿米尔只将最佳新人奖收入囊中。

纵然如此，阿米尔一炮而红，也算为自己的事业开了个好头。在获奖感言中，他说道："能被提名最佳男主角自然是高兴，与之失之交臂也自然是有些失望。但是我知道，亚尼一定是实至名归的。而对于我来说，获得最佳新人奖同样很激动。在看着《冷暖人间》斩获众多奖项后，我终于有属于我自己的一个奖项了。虽然有人认为它有安慰奖的意味，但这是颁给五年来最优秀新人的奖项，所以意义也是非比寻常的。"

阿米尔引领了印地语电影界的一个新纪元，就像《冷暖人间》里的拉杰将浪漫之美带回银屏一样。不过，阿米尔所期待的还不止这些。

终于，一位能够重新定义印地语电影的新星诞生了。

这是一部难得的佳作，它直正体现了电影制作的真谛。从视觉上唤醒了人们对于真情实感的共鸣，《灰飞烟灭》可以称得上是一部惊天之作。

——《周日观察》，1989 年

原始而真实——《灰飞烟灭》成功地超越了那些老生常谈的印地语电影桥段。

——印度《卫报》，1989 年

阿米尔在电影中，非常成功地塑造了主人公阴暗的一面。

——《印度电影观众》，1989 年

阿米尔在拍摄《冷暖人间》时，同时完成了与老朋友阿蒂特亚·巴塔查亚合作的《灰飞烟灭》。尽管观众是先看到阿米尔在《冷暖人间》中的表演，但事实上《灰飞烟灭》比前者要早定了阿米尔当主演。

正如影片的名称一样，《灰飞烟灭》是一部讲述黑暗、暴力和堕落的影片。相对而言，这部作品更符合当时世界电影的发展趋势，却并不“印度”。在当时，受《出租车司机》的影响，这部电影也采用了家庭摄像的方式，以此加强情节上给观众带来的震撼。本片还革命性地运用了一些恐怖片的拍摄手法，这也是比其他印地语电影更有颠覆性的一点。

《灰飞烟灭》中，阿米尔所饰演的角色也叫阿米尔·侯赛因，讲述了一个年轻小伙子，试图用自己的办法惩罚奸污了心上人的罪犯。故事主题是犯罪，围绕着仇杀和堕落展开，讲述了城市环境下主人公与现实的对抗。阿蒂特亚说："一个这样的年轻人，没有真正属于自己的财富，他最珍贵的就是其心中所爱，这是不争的事实。对于一个 20 岁的小伙子来说，心上人出事，足以改变他的人生轨迹。所以，我给他的爱人设置了一个意外。他的爱人要比他年长一些，也务实得多，她应该意识到，这是一次有预谋的犯罪，罪犯根本无从追踪。而小伙子则会认为，自己对所发生的事负有责任。在此想法的驱使下，一切就失控了，无尽的仇恨磨灭了他的本性，他在毁灭恶人的同时，也毁灭了自己。在一场愤怒的复仇之火燃烧过后，一切都灰飞烟灭了。"

在这部电影里，我们看到了阿米尔和两位资深演员——潘卡吉·卡珀（影片中帮助阿米尔的警察的扮演者）和赛博利亚·帕塔克（影片中受害女子的扮演者）——一起合作。

这部电影的创作团队非常年轻，大部分还不到 25 岁。提到这部影片，大家都会想到制片人阿西·努尔，当时他也只有 32 岁。尽管缺少经验，这个团队却是印度最富有创造性思维的电影团队，只不过潜力尚未被开发出来罢了。他们为这部电影做出了巨大贡献。本片由阿米尔担任主演，阿蒂特亚担任导演，桑托什·斯万[①]担任摄像，纳尼[②]担任剪辑师。

阿蒂特亚在回忆往事时认为，年轻团队拍摄这类题材能完整地表达出电影的青春气息。20 多年后的他还说："正是这种天真，才让我们聚合起'全明星阵容'，缺少任何一个人的努力，都无法成就这部电影。每一天的拍摄都非常快乐，这是与成熟团队合作体会不到的感觉。"也就是这样的力量，将这个

① 译者注：印度导演、摄像、编剧、制片人，代表作品有《枪》等。

② 译者注：印度剪辑师、制片人。

团队聚合在一起，齐心协力完成了长达一年半的制作。这期间，他们还出乎意料地进行了两次计划外拍摄，这在当时印地语电影拍摄中非常罕见。此外，资金问题不可回避，因为影片中的婚礼等场景的拍摄，都是花费不菲的。后来，为了保持基调统一，也为了节约开支，第二次拍摄时，剧本中原有的婚礼场景被取消了。

1989 年《灰飞烟灭》公映时，正值阿米尔因《冷暖人间》走红。由于《灰飞烟灭》进行了二次拍摄，所以虽然开机早，却比《冷暖人间》晚杀青。而且，纳西尔也与阿西商定，让《冷暖人间》先行上映，这样就能保证阿米尔作为新人出场。

虽然这两部电影都和 20 世纪 80 年代的主流电影不同，但是再也没有哪两部电影能有这么大的差别了——《灰飞烟灭》呈现的是那种鲜明而残酷的现实主义，引人深思；《冷暖人间》则是浪漫主义。从《灰飞烟灭》昏暗无助的情节中，很难看到《冷暖人间》的影子。

曾经有人这样说过："《灰飞烟灭》里，阿米尔塑造了一个被迫杀戮、走向毁灭的年轻人，有着稚嫩的面庞和颤抖的双手。但在《冷暖人间》中，他的角色却与伟大性或特殊性扯不上一点关系，只是一个邻家大男孩。"不同的故事，决定了两个人物形象的天壤之别，阿米尔几乎要同时塑造两个截然不同的人物。当然，最终呈现的结果，足以说明阿米尔优秀的演技。在《灰飞烟灭》中，他与潘卡吉和赛博利亚配合默契。害羞、敏感、无助、痛苦、失落、愤怒、负罪的感觉，以及最后必死的决心，他将这种种复杂情感，表现得淋漓尽致。这也许是观众看到的阿米尔在同一个角色中最富有张力的表演了。

内向依旧的阿米尔，再次被推上了一个新的高峰，而他自己还没有完全准备好。在后来的一次《今日印度》的采访中，阿蒂特亚提到拍摄一幕阿米尔与赛博利亚的戏时，阿米尔的脸特别红，这种情况在他早期的电影作品中并不少见。“阿米尔那个样子非常惹人怜爱。”当然，随着从影日久，后来这种情况就没有了。

两人虽然关系亲密，但阿蒂特亚从来没有给阿米尔特殊待遇，他对阿米尔和其他演员一视同仁。在《灰飞烟灭》里，我们看到的是一个身材瘦弱，声音纤细的阿米尔，这在他以后的电影里很少见了。

也许阿米尔早年电影里最震撼人心的一幕，就是《灰飞烟灭》中主人公第一次杀人后，面对着一面墙彻底崩溃。这里面杂糅着爱与痛苦，是一种难以言说的情感，这种爆发非常纯粹，是不加任何修饰的。后来，阿米尔提到这一幕时说：“为了拍摄这一场，我准备得非常辛苦，将所有的情感投入其中……这让我学到了很多。”

虽然这部电影的票房没有获得巨大成功，但是认同度很高，还获得了“国家电影奖”最佳影片。阿米尔本人在其中的卓越表现，也使他获得了提名。阿蒂特亚获得了孟加拉电影记者协会颁发的最佳导演奖。本片还是当年蒙特利尔电影节、曼海姆电影节、莫斯科电影节和开罗电影节的官方选送作品。

《灰飞烟灭》的成功，是早期阿米尔超宽戏路的重要佐证。当时，著名影评人哈立德·默罕默德在《印度时报》上说：“对阿米尔·汗来说，这是一次个人的胜利。他异常聪慧，细腻地抓住了《灰飞烟灭》中主人公的心理，以及这个人物的精髓。他的表演是影片最大的亮点。”可以说，随着两部电影的先后上映，阿米尔·汗成了偶像派和实力派的结合体。

在阿米尔的职业生涯中，他经常会被人当成是冲破电影教条主义和经验主义的领跑人，无论他是否意识到了自己的重大作用。《灰飞烟灭》就是他的第一步！

在娱乐圈，再也找不到和阿米尔·汗一样的演员了——他富有青春活力，拥有帅气的面孔，朝气蓬勃，所有影视圈的明星都在谈论他……但是，转瞬之间，他的事业就一落千丈。直到去年的《讲心不讲金》，才使他重回云端。这一次，他的地位得到了真正的巩固，阿米尔·汗就是当之无愧的超级巨星。

——《印度每周总结》，1991 年

《讲心不讲金》是阿米尔继《冷暖人间》之后，集中接拍的多部电影中的最后一部。这几部电影的反响不尽如人意，其中，《爱爱爱》（1989）和《爱》[1]（1990）获得了昙花一现的小成功，《为爱痴狂》（1990）和《青春万岁》（1990）反响平平，而《爱的故事》（1991）和《情侣风尘》（1992）则以失败告终，这些失败深深困扰着他。事实上，正因为这几部后悔为之的电影，才使得追求作品品质的他，直到近年来，佳作和烂片的数量依然持平。

自我怀疑和自我否定接踵而至，1990 年 5 月，在《印度时报》的采访中，阿米尔说："有时候为了挽救自己的事业，我会退一步想：也许观众只是希望在《冷暖人间》后，看到我出镜，并不要求是好作品……"

《为了爱你》（1990）倒是引起了一些反响，不过，原因是这是他父亲塔

[1] 译者注：阿米尔的 *Awwal Number*（1990）和 *Ishq*（1997）两部作品名称在华翻译不一，本书分别翻译为《爱》和《真爱无敌》。

希尔的导演处女作，又是自己家里的公司出品的，票房还算不错。但是，这并不足以挽回当时阿米尔的颓势，他急需一个深入人心的角色，以及一部让自己大放光彩的电影。

《冷暖人间》带来的浪漫风潮，倒是成全了许多其他新人演员，其中非常成功的两位就是分别在《真心爱着》（1989）和《爱曲》（1990）中贡献处女表演的萨尔曼·汗和拉胡尔·罗伊，他们同样凭借浪漫爱情剧崭露头角。拉胡尔·罗伊的事业高峰没有持续很久，萨尔曼·汗却平步青云，很快成了印度电影海报上最活跃的新星之一。一位影评人这样写道："萨尔曼正好站在了阿米尔的肩膀上。当时的年轻观众们，初尝《冷暖人间》式浪漫爱情剧的甜头，正为同类电影后继乏力而苦恼。就在此时，萨尔曼出现了。"由于阿米尔将近两年没有佳作问世，媒体自然经常把他和萨尔曼放在一起比较，而且大多数情况下，阿米尔都处于劣势。阿米尔的成功，被说成是昙花一现，人们甚至将他与库马尔·高瑞夫相提并论，后者在80年代初拍摄了代表作《爱情故事》，此后便销声匿迹。

在这种情况下，《讲心不讲金》就成了阿米尔事业上至关重要的救命稻草。本片导演英德拉·库马尔对剧本的解读非常到位，他当时也刚好遭遇了自己另一部作品票房的失利，因此适时调整了自己的导演方式。如此可见，早年的阿米尔就不忌讳和那些不出名或者遭遇"滑铁卢"的电影人合作了。①

《讲心不讲金》也是一部以校园为背景的浪漫爱情剧，保留了印度电影里的经典冲突：一对爱侣，背负着来自家庭的重大压力，勇敢相爱。但是，相比于《冷暖人间》，本片的剧情更为现代一些。阿米尔以浪漫的罗密欧形象再度回归，从《冷暖人间》中的拉杰，成为《讲心不讲金》里的拉贾。不过，两者

① 译者注：从2007年开始，印度影坛有这样的说法：阿米尔喜欢与不出名或刚失利的导演合作，以便控制他们。

的相似之处，仅限于影片题材和男主的名字。《讲心不讲金》里的拉贾是一个霸道、淘气、喜欢恶作剧，有时候甚至有点暴力的男孩，但是却心地善良，他不善思考，处理事情的方式直率而鲁莽。

和《冷暖人间》的沉重基调相比，《讲心不讲金》带给人更多的是轻松的心情，可以说是一部轻喜剧，编剧希望能够给观众们带来欢乐。换句话说，如果《冷暖人间》是引人思考的电影，那么《讲心不讲金》就是纯娱乐性质的。阿米尔接受了这个挑战，用行动证明，自己能够适应任何类型的剧本。

电影拍摄中，有些情节是剧情需要，哪怕阿米尔并不喜欢，他也会在提出建议后，最终听从导演的安排。最典型的例子就是电影里私订终身的“婚礼”桥段——拉贾冲进玛杜丽的房间，破椅为柴，点起圣火，绕地七圈，这就代表他们私订终身了。阿米尔在《印度时报》的采访中曾说：“当时我并不是很赞成拍这一幕，不是为别的，我认为这对演员演技的要求非常高，而我本人并没有这个水平。所以我不太满意拍出来的效果。”

当然，多数情况下，阿米尔还是承认自己的进步，他承认自己在《讲心不讲金》中的演技要优于《冷暖人间》。在1993年的一次《印度电影观众》采访中，他甚至将《讲心不讲金》作为自己最喜欢的六部电影之一，他说：“在《讲心不讲金》之前，我几乎一直重复着《冷暖人间》里的角色。突然间，我要扮演一个忤逆父亲，对女孩也毫不客气的角色。而且，对舞技的要求也大大提高了。”

如果说《冷暖人间》捧红了阿米尔，是迎合了时代需求，那么《讲心不讲金》则是真正巩固了阿米尔在影坛的地位，证明了他的表演实力。这部电影还是阿米尔和玛杜丽·迪克西特最成功的合作。玛杜丽凭借她的《辣女酸男》与阿米尔同年成名，当时，如果说阿米尔是浪漫天王，那玛杜丽就是舞蹈天后。两人的合作，说明阿米尔以经典浪漫男主形象回归的同时，还在舞蹈上完成了自我的释放。电影的主题曲，很快就成了印度校园里最流行的歌曲。

1990年，《讲心不讲金》刚刚搬上银幕，就一跃成为当年的票房冠军，也成了印度20世纪90年代票房最高的几部电影之一。阿米尔在接受《印度每周总结》的专访中说："《讲心不讲金》的成功，让我松了一口气，重拾了自信。"

玛杜丽则凭借这部电影首次在"印度电影观众奖"中封后。但是，阿米尔却完全无视这些奖项，他对于印度电影奖项的质疑也由此开始。

《讲心不讲金》巩固了阿米尔浪漫天王的地位，也给他贴上了"奶油小生"的标签。《新闻时间》曾经这样分析《讲心不讲金》给他带来的成功："制片方意识到阿米尔最擅长浪漫男主这样的角色，他在这方面的表演也最为自然。而且，他以这类形象出现，最容易让观众接受。显然，他不适合那种血腥、充满男子汉气概的角色。"

其实，这个标签太过绝对，有失公允。《每周印度总结》就为阿米尔打抱不平，它指出，阿米尔并不畏惧尝试新的角色："在短短几年中，阿米尔就饰演了板球运动员（《爱》）、舞蛇者（《为了爱你》）、狂热求爱者（《为爱痴狂》）、嫁妆制度反对者（《青春万岁》）、传统爱人（《讲心不讲金》）和花花公子（《爱的故事》）。"

阿米尔·汗无疑是成功的，虽然早年间，"奶油小生"的标签如影随形，在当时看来，这个标签也许是他以后20年都无法摘掉的。然而，在1990年，在他的同龄演员中，没有一个人比他更担得起"浪漫之王"的称号。他的前途不可限量。

《冷暖人间》——时代的新声

阿米尔·汗已经影响印度电影发展长达20年了。《冷暖人间》的导演曼苏尔·汗对于本片能影响一代人的原因，发表了自己的观点——

曼苏尔·汗：

为什么《冷暖人间》这么受欢迎？我也不知道。但是我认为，人们当时期待一部真实的影片，而不是那种程式化的英雄主义电影。我们在做这部影片时，非常注意故事情节，人物形象必须鲜明。总之，确保每一点都是我们希望达到的效果。其中很多细节，比如：让男主角展现出脆弱的一面，让他看上去很真实，很普通。在当时，电影里的男主角往往是所向无敌的，那样太不真实了。虽然有段时间观众很喜欢这类人物，但我却不吃这一套。

还有就是演技层面了，我认为阿米尔和玖熹两个人的表演确实非常深入人心。

那些年龄偏大的角色，比如女主角的奶奶和爸爸，都是我父亲设计的。这几个角色的演绎，也非常到位。有一次，我遇见了贾韦德先生[1]，他告诉我：“这个故事中的人物，都有极强的尊严意识，其实他们之间的冲突根源就是这个。”我倒从未从这个角度看过。不过，如果仅从这个角度出发去设计人物，这些人物就会过于原始，过于野蛮。我父亲为他们加上特定的背景和受教育程度，这样的处理还是很有人情味的。这个剧本是多人创造的结晶，其中也包括了我父亲对于家庭的认识。

这部电影的背景音乐也非常清新，演奏所用的乐器都不多，这不是故意去应付观众，而是本片的风格就是清新自然。如果不需要那种激烈的打斗，那我们就不安排；如果不需要父亲责打儿子，我们就用一个深情的拥抱去表现一切，此时无声胜有声，我们不想做太多画蛇添足的事情。

① 译者注：编剧，诗人。有一种说法是，他在阿米尔做导演助理的时候结识了他，后来就是他向阿米尔的伯父推荐其扮演《冷暖人间》男主角的。

我们也意识到，如果要拍摄这种障碍重重的爱情片，其结局必然是悲剧。所以我们拍得很真实、很实际。对我父亲而言，要接受这样的结局非常困难。我试图说服他这部戏就应该是这样的结局。但是，只要他来片场，就会告诫我："别忘了，还是大团圆结局更好。"父亲那个年代的影片，不在乎情节怎么发展，最后都是大团圆结局。事实上，我认为我们的结尾并不是悲剧，而是真实的。按照故事的发展轨迹来看，就应该是这样的结局——女孩的爸爸既然希望毁灭男孩，那么女孩不幸中枪，也就是情理之中的事，这都是命运的安排。

影片放映的时候，阿米尔受到了很多观众的关注，这种关注持续了很长时间。也许是男权文化使然，所以，通常电影男主角得到的关注总是要多一些。我认为，当时的阿米尔在电影界，与现在的伊姆兰[①]的情况相似，当然，阿米尔的影响要大得多。他永远让人意想不到，总会给人惊喜，作为一线演员这么多年，确实非常优秀。如果回顾他的演艺事业，抛去电影的好坏不谈，他的每个角色本身都塑造得很出色。不过他也因自己害羞的一面受限不少。当然，每个人都会有软肋，他最终还是发挥了自己的长处，克服了不利因素。不过，在阿米尔演技尚不成熟的时候，人们是先喜欢《冷暖人间》，然后才因此喜欢阿米尔在其中的表演。现在的伊姆兰也一样，他和阿米尔有类似的气质，也都很有魅力。所以，即使他们在一段时间内没什么特殊作品，也难掩其本身的魅力。当然，阿米尔并不甘心被自己的魅力所局限，他的每一部作品都希望突破自己，渴望成为实力派演员。其实很多人都做过这类尝试，例如阿杰·德乌干和赫里希克·罗斯汗。但是数阿米尔最持之以恒，他在突破现状和保持商业效益之间权衡得特别好，虽然他从来不刻意为商业利益而奋斗，但是，似乎他在这方面就是天赋异禀，每一次都能在实现自我价值的同时，达到商业目的。

① 译者注：印度演员，阿米尔的外甥。

《灰飞烟灭》——电影界的飞跃之作

导演阿蒂特亚·巴塔查亚和制片人阿西·努尔谈了他们制作这部反传统电影的过程——

阿蒂特亚·巴塔查亚：

如果你着眼于世界，会发现有和《灰飞烟灭》相似的电影。但是，印度的同类型电影，例如《这只是鸟》（1989）和《塞雅》（1998），却很晚才出现。这种缺失是电影人没有意识到的，大家都只想着拍，拍，拍。其实，我们甚至不知道该把《灰飞烟灭》归入哪一类，有人将它归类于“邪典电影”。

毋庸置疑，这部电影给电影界带来了一定的震动，从媒体和观者的态度就能看出来。当时，影院屏幕有限，而各个大牌演员主演的电影同时上映，所以我们分到的场次其实很少。尽管第二周的上座率高达75%，我们还是不得不按时下线。所以这部电影自然难有高票房，这就是当时的情况。

20世纪80年代末90年代初，社会非常动荡。就是从那时开始，人们听说了AK-46、AK-47这些名词。当然，现在这些是众所周知的了。当时街上随时有可能发生枪战，黑社会更是明目张胆。但是，对于一直被保护着、从未接触过这一环境的人来说，我需要很认真地去揣摩：他们的生活是什么样的？与他们的接触将会怎样影响一个人的生活？这其实也算是男主人公的心理历程。

其实我们选择家庭摄像，有比较实际的原因。剧中主人公阿米尔的家其实就在我家。他家的情况和我家确有相似之处，这个环境不是凭空想象的，而是我切身经历的。然后，我给主人公设置了一个特殊的命运，将其拖入另一个世界。

曾经有位青年电影人朋友告诉过我，阿米尔在剧中的角色和《现代启示录》[①]中的马丁·辛饰演的角色不无相似。当然，那部电影取材于越南战争，时代背景更大。而《灰飞烟灭》所讲述的故事是，过着西式便利生活的主人公，一下子跳入到孟买那个充满罪恶的泥潭里。

当然，我非常喜欢《现代启示录》。不过我觉得我们所做出的努力更加突出。凡事都有第一次，我们的团队大多数是新人，什么都不熟悉。我认为这才是这部电影最特殊的地方。

说到选择阿米尔出演，我一开始就认为他是最佳人选，也从未考虑过其他人。事实上，阿米尔在被确定出演《冷暖人间》之前，《灰飞烟灭》就定了他演了。只是《冷暖人间》剧组准备得比较充分，所以领先我们一步。

1983年，当我和阿米尔合作《偏执狂》时，他并不热衷于演戏。这点我俩一样，当时的我也不是很想从影，毕竟不想走家人走过的老路。不过，我们最终做出了同样的选择，而且是我影响了他。

阿西·努尔：

阿蒂特亚在找我担任制片人之前，也曾见过其他六个人选。因为我当时不属于这一题材领域，因而没有先想到我。对我来说，我看重的不是阿米尔·汗出演，也不是这部电影的剧本，我想的就是阿蒂特亚准备拍电影，我得为他做点事。

阿蒂特亚·巴塔查亚：

我都不记得给阿西看过剧本，只是告诉他我在做这部电影，遇到了点麻烦，他马上就决定加盟了。

① 译者注：1979年美国著名电影，马龙·白兰度主演。

最初，我只有一点灵感，想来也就是开始的几幕。后来，摄影师桑托什·斯万的兄弟，也是本片的执行制片人加入，我们一起做了点努力。再后来，阿米尔的堂姐、曼苏尔的姐姐也加入进来，帮我们润色了一下台词，最后我们才完成整个剧本。所以，一开始这部作品就是大家共同努力的结果。

说来有趣，由于现在电影对于人们的影响巨大，很多人都在总结电影制作的方法和流程。而我们这部电影，却恰好没有所谓的套路。有时候甚至与常规背道而驰。意外看到某个地方不错，就会取景；看到某个陈设，就会突发奇想，给它几个镜头。这些想法都是后来才被加进剧本的。而一般制作电影，都要先确定拍摄某个场景，然后再选择在哪里拍摄，我们正好相反。比如：我从一开始就认为，主人公的家应该出现在片中，而且一定要在我家或者我祖父母家拍摄，因为我对这里特别熟悉。还有孟买的纳里曼大楼等地标，我希望在电影里面出现。

现在回忆《灰飞烟灭》，似乎拍摄上并不存在什么问题。我很年轻，富有活力，阿西也是非常合格的制片人，我的团队也都非常棒。

阿西·努尔：

说起来，《灰飞烟灭》遇到的主要问题，还是资金问题。其实这也是当时制片上普遍存在的。我当时也很迷茫，因为电影本身很好。当时，影视界也没有现在这么多约定俗成的规矩，比如：演员的档期不一定要提前确定下来，允许取消拍摄……各种原因都可能导致电影延期，导演和制片人也可能被换掉，电影很有可能拍不成。所以，当时的影视界本就存在着诸多问题，《灰飞烟灭》虽然不属于主流电影，但是，电影圈毕竟还是同一群人，遇到一些波折，也就不足为奇了。

首当其冲就是资金问题，我们倒是解决得比较容易。但是，当我们完成制片的一系列工作时，又找不到合适的宣传方式了，毕竟这部电影题材比较特殊。

阿蒂特亚·巴塔查亚：

这部电影之所以有着经久不衰的魅力，不仅因为它的呈现效果或者台词，更是得益于三个智慧的头脑——导演我、摄影师桑托什和剪辑师纳尼，还有，我们也不能忽视作曲兰吉特做出的贡献，是他用音乐让整部电影浑然一体。

当然，上面说的是表演层面以外的。在我看来，阿米尔在《灰飞烟灭》中的表演，达到了前所未有的自然状态。其实，阿米尔所扮演的这个角色与他之前的角色相比，更贴合他本人。所以，这种真实的表演给我们带来的那种视觉冲击是极大的。为此，本片的剪辑师付出了很多。

阿西·努尔：

《灰飞烟灭》上映的时候，正是观众为《冷暖人间》而疯狂的时候。即便如此，它也是同类电影里观影人数最多的。不过，这两部电影天差地远。在当时，如果你的电影想要和阿米塔布·巴强等人叫板，就要另辟蹊径。不过，这部电影在国内反响极佳，而且印度电影大厅为我们提供了一号放映室，是放映最优秀电影的地方。这部电影还在国外公映，并出版家用录影带。我们是最早在出售录影带时附赠阿米尔明信片的。

然而，本片获得的经济效益并不可观。因为电影宣传给人的错觉是本片包含很多打斗、冲突桥段，而事实上却很少。在印巴边界海德拉巴，发行商在双子影城放映该片，那是当时印度最大的影城，可同时容纳六千人。这都不是我们特意安排的。

不管怎么说，上映的时候我们都很高兴，毕竟曾有专家预言这部电影不可能公映。每个人都劝我们：“忘了你们的电影吧，它见不了天日的。”电影里没有歌舞，没有套路，没有救赎过程，也没有其他主流元素或引人注意的桥段。但是我们还是决定公映，这是最正确的一步。

今年对于本片有着非常的意义，因为它20岁了。[①]这部电影之后，我们的队伍解散，大家各奔前程，可以这样说，以后不太可能看到这些人再共事了。即使有人愿意撮合，多年来不同的发展方向和轨迹，也不可能让桑托什·斯万、阿米尔·汗、兰吉特·巴罗特、纳尼、阿蒂特亚·巴塔查亚和潘卡吉·卡珀再合作一部电影了。对于大家来说，这部戏可以说是走上影视之路的一个门槛，这样看来，它的意义已超过20年前。当你在《未知死亡》里看到阿米尔的表演时，可以想象到，他的爆发力是有基础的，在早年的作品中就能看出端倪。

阿蒂特亚·巴塔查亚：

我认为我们之所以能做出这部电影，是因为我们的活力，我们的创造力，以及我们不患得患失。如果我们当时有一点点退缩，就会功亏一篑。阿西是非常值得信赖的制片人，他本可以提很多制作上的要求，但是他并没有。其实，我从没想过这部电影的影响力能穿透20年，直到今日依然有人会问我有关它的问题。如果让我回到1989年，谈谈那部老片子，老实说，我还真不知从何说起。

《灰飞烟灭》有一定艺术性的纯度，桑托什就喜欢按照他自己的方式拍摄，纳尼就喜欢按照他自己的方式剪辑，我就喜欢按照我自己的方式导演。没有人规定我们应该怎样来做这部电影，虽然那也许会给我们带来更大的商业利益，但是绝不会对人们有如此深远的影响。

再看看《灰飞烟灭》的海报，怎能想象这是20年前的设计呢？同时期其他海报与之相比，都显得非常老气，为什么会这样？因为设计海报的人也是之前从未涉足过的新人。所以说，我们并不关心电影应该按照什么套路去做，只

① 译者注：二人受访于2009年。

想一心把事情做好。

阿西·努尔：

年轻人缺乏的经验往往会被天赋所弥补。他们可能缺乏经验，但每个人都非常清楚他们在做什么。我们拥有在未来与世界的竞争力，以及纯净的视野。那是我们的优势。

阿蒂特亚·巴塔查亚：

说到阿米尔在电影里的表现，当我第一次在头脑中“放映”剧本时，想到的就是阿米尔，他的演技是毋庸置疑的。就好像我最近在拍的《迪拜归来》，如果不让伊凡·汗主演，那我宁可不拍。

拍摄的过程是艰难的，阿米尔的确非常刻苦，但他毕竟太年轻，又刚刚出道，有些事情对他来说相当不易。有好多次，我们都担心他该如何应对角色要求，尽管如此，我们从没怀疑过他的实力。

还有一个问题是，我们让一个无人知晓的新人，与当时炙手可热的演员潘卡吉·卡珀演对手戏，让一个从来没有受过任何表演专业训练的毛头小子，去和国家戏剧学院历史上最优秀的毕业生同台献艺。尽管压力重重，阿米尔的表现也远远超出了我们的预期。

阿米尔身上有专业人士没有的优势——真实。我一直认为，时至今日，这部电影的一大闪光点，就在于它的真实和纯正，阿米尔的表演是纯天然的，没有任何浮夸的成分，这就是本片的独特之处。

我承认，阿米尔可能在其他电影里表演得更加认真刻苦，但是，《灰飞烟灭》中，阿米尔所表现的是与众不同的一面。他展示出的那种软弱，只有在一个能百分百信任自己的团队中，才能展现出来。

《讲心不讲金》——当浪漫主义碰上纯娱乐

曼苏尔和英德拉·库马尔是两位与阿米尔合作次数最多的导演。《讲心不讲金》的校园浪漫故事之后，英德拉和阿米尔还合作了《真爱无敌》（1997）和《终成眷属》（1999）。下面，英德拉将告诉我们《讲心不讲金》的制作过程，以及阿米尔本人的蜕变——

英德拉·库马尔：

《讲心不讲金》是一部很有突破性的影片。在当时，片中的一些场景——比如男主人公那场私订终身的婚礼——都属于划时代的经典，片中有很多新鲜的剧情，比如阿米尔和阿努潘·凯尔[①]之间就有不少新颖的桥段。这是电影的一个新方向，就像2001年的《心归何处》，也为我们呈现出了一种与众不同的友谊。

《讲心不讲金》塑造了一对情侣，他们最开始是水火不容的敌对双方。但是，一对欢喜冤家却意外坠入爱河，这个想法在当时比较新颖。现在看来，这个男孩就是一个普通的大学生，喜欢恶作剧。女孩儿也只是普通的女生，不怕男孩子，有点儿像“女汉子”。如果这个女孩子生气了，会耍些小手段，比如给男孩子扣上“性骚扰”的罪名。总之，《讲心不讲金》的人物设计，在当时看来是非常特殊的。我说的特殊，并不是指人物特殊，而是传统电影从未将这些生活中的普通人作为主人公。电影的整体构思非常新颖，呈献给了观众一部纯娱乐性质的电影。

很多人说，多亏了我的《讲心不讲金》，才让阿米尔的事业免于沉沦。但事实上，我当时也刚经历一次失败，完全是自顾不暇，哪有能力去挽救别人？

① 译者注：《讲心不讲金》中饰演阿米尔的财迷父亲。

阿米尔在采访中说，如果没有《讲心不讲金》，自己的事业不知会如何。其实，这是他在当时所签电影中仅剩的一部，他手头已经没有其他片约了。如果《讲心不讲金》没什么结果，他可能就不想再做演员了。虽然阿米尔和其他人都这么说，但是不管他们怎么想，还是那句话，我当时只是忙着自救。

制作《讲心不讲金》时有很多困难，因为这是我第一次当导演，也面临着资金等现实问题，哎，你有了一个绝妙的构思，却发现没有钱去实现呀。不过，说到危机，我认为最大的一次危机是我和阿米尔、玛杜丽在一起的那一次。当时阿米尔在给玛杜丽看手相，我坐在一边。他对玛杜丽说："有朝一日，你会成为大明星。"我说："玛杜丽，现在是你成名的时候了。"我们正开着她的玩笑时，接下来发生的事我怎么也没想到——阿米尔居然在她手上吐了一口口水！

玛杜丽愣住了，完全没有想到阿米尔会这样。她开始追着阿米尔打，那天刚好在拍摄主题曲，而她正气得恨不得杀了阿米尔，然后还过来逮住我，以为我跟阿米尔是串通好的，她刚说一句："先生……"我就已经吓得浑身发抖了。其实这事与我无关，但她却直直地盯着我，我只好解释："玛杜丽，我发誓，我没参与。"我这才免受牵连。现在想来，这才是拍摄过程中最大的一次危机。其他的危机，都可以应付，只有这次，玛杜丽差一点儿就为了这个"阴谋"杀了我。

阿米尔就是一个捣蛋鬼，他经常开这样的玩笑，有的时候让人难以置信。不过，一旦开始拍摄，他就像变了一个人。从《讲心不讲金》拍摄第一天到最后一天，我看着阿米尔从1成长到100，我从没有见过一部戏，能让一个演员变化这么大的。当我们开始合作这部电影的时候，阿米尔还没能把握某些塑造人物的诀窍，这让我有些苦恼。他当时可能也觉得："天啊！这哪里是让我演戏，分明是让我修炼嘛！"但是渐渐地，他掌握了这个人物的方方面面——喜剧和浪漫的结合，就要有更弹性的演绎方式。这个人物本来就有不好把握的地方，但是阿米尔处理得非常棒。

每天他都给我惊喜，我给他的反馈从“好”，转变为“很好”，再到“一级棒”，最后简直就是意想不到的崇拜了。每天的拍摄，都让我对他的崇拜更深一步，这在我之前的职业生涯中从没有遇到过。他在影片拍摄过程中的变化，简直就是破茧成蝶的过程，我眼睁睁地见证了他的这种蜕变。此后，他一直保持着这种超强的状态，每部电影都是如此，每次尝试也都更上一层楼。

阿米尔在采访中说过，自己对这部电影的某些桥段并不满意，比如说婚礼那一幕，他认为，砸碎家具点上火，就算和女主结婚举行“婚礼”了，这个实在有点儿牵强。不过，他最终还是妥协了，虽然不大情愿。我向他保证，这一幕将成为大卖点。他信任我，最终如我所说，这一幕也确实成为本片最大的亮点之一。直到现在，还被当成最受欢迎的反传统浪漫场景，可以说是前无古人，后无来者。

那一场阿米尔的表演行云流水，这是超出我预料的，也是本片受欢迎的原因之一，如果演员自己都没有权衡一出戏可能带来的影响，他自然也不会深刻地品味它、理解它，演绎出来的效果也不可能如此打动人心。尽管他自己不看好这场戏，但是他仍然相信我的判断，并且尽力去拍好。这真的让我非常感激，非常崇拜他。

我最喜欢的一幕，其实是男女主人公婚后的那次争吵——阿米尔离开家，玛杜丽到处找他。当她回来时，发现阿米尔已经在家了。她先是拥抱他，然后开始打他和哭泣。阿米尔这次并没有离开她，而是掏出自己出去买的手镯给她戴上。玛杜丽说：“永远不要离开我！”这一幕没有任何戏剧的夸张，而是充满了真实的浪漫。

通过《讲心不讲金》，阿米尔在演艺之路上走得更稳了。正如前面所说，他破茧成蝶了。现在，他已经可以游刃于各类角色之间，无论是阳光的，还是阴暗的，甚至无论是天上的，还是地下的，他都应对自如。他善于在演绎剧中人的同时，加入自己的思考，使这些人物大放异彩，其天赋简直惊人。

如果说此前，阿米尔只是一个锋芒初现的演员，那么在此后他就成了一道最绚丽的彩虹，拥有了属于自己的耀眼光芒。现如今，从他对电影的挑选中，也能看出他的个性，例如《印度往事》（2001）、《心归何处》（2001）、《芭萨提的颜色》（2006）、《地球上的星星》（2007），还有《未知死亡》（2008），每部电影都是一个新的突破。

阿米尔最大的优点在于他的真诚，他获得的大部分胜利都源于真诚。这种真诚，无论是对作品的选择，还是对于拍摄过程，都至关重要。电影界也许不乏比阿米尔演技更好的演员。但是，阿米尔胜就胜在他的真诚上。

可观的片酬是很多演员接片的原因，哪怕没有好剧本。但是，阿米尔永远都不会这样做，即使是对好朋友，他也不会为此妥协。反过来，哪怕是一个陌生人，只要他带来了好剧本，他也会毫不犹豫地接下这部电影。他这种真诚才是对自己负责，不为钱财，不为人际关系，不为任何与电影无关的因素。对他来说，除了电影作品本身，什么都不重要。这种真诚成就了阿米尔。

阿米尔接下来还会拍出什么样的电影呢？我特别想看他再出演一部古灵精怪的喜剧，好久没有看过他在电影里搞怪了。除了《假假真真》（1994），他的喜剧影片都是与我合作的。我认为《假假真真》的剧情很搞笑，但是人物本身却没有特别幽默之处。但是，在《讲心不讲金》和《真爱无敌》里，他的表演太有趣了。我真的很想再看他这样的表现，现在，只有在他的广告里才能看到了。

如果阿米尔还想演喜剧，那一定要和我合作，他是非常有智慧的演员，我也知道如何去激发他在喜剧方面的天赋。好了，不说笑了。从观众的角度来说，我也希望阿米尔能再演一部成熟的喜剧。他什么都演过，但是我还是认为人们会更喜欢他喜剧的一面。这样的电影必然票房大卖！

只有两位导演和他合作过超过三部的电影：曼苏尔和我。在这一点上我想超过曼苏尔，想再与阿米尔合作一次。如果真能实现，将是我莫大的荣幸，因为按照阿米尔现在的发展来看，他不会和一位导演合作四部戏以上。

和曼苏尔 ·汗、阿蒂特亚·巴塔查亚以及英德拉· 库马尔合作的时候，阿米尔已经在思考自己到底要做什么样的电影了。他经常会提到，他非常不喜欢“无脑片”，在一次采访中，他说：“当时，我拍的很多电影，都没有给我特殊的感觉，没有让我兴奋。它们的剧情还不错，设计也可以，就比如《爱爱爱》。但是仅此而已。其实也有我感兴趣的电影，可惜我没有接到片约。”其实，阿米尔早年的确常被人质疑名不副实，眼高手低。因为他回绝了很多著名影人的邀约。即使他想和某位导演合作，如果拿到的剧本不喜欢，也会毫不犹豫地回绝。

阿米尔刚出道时，作为新人演员，出于对事业的考虑，签约并拍摄了近十部电影。但是即便如此，在 80 年代末 90 年代初，这一数量也不算多，在当时，其他影星普遍一下子就接了三十几部戏。

尽管阿米尔非常清楚自己想要什么，但是，在他演艺事业的前六年，也拍摄了一些票房上不理想的电影。在 2009 年的一期 *M* 杂志专访中，阿米尔说：“那简直是大错特错，其实在开始拍这些电影的时候，我就觉得，这并不是我所期待的生活和工作方式。挑选电影，只看是否喜欢剧本还远远不够，还要看谁是制片人。”

对于早年经历的自我总结，自我反省，决定了他此后选片时认真严谨的态度。不管票房如何，他近年作品的价值都是不可否认的。

失败的打击是人的一生中必须经历的，印地语电影界从来没有谁能永立不败之地。成功需要不断地巩固。阿米尔这阶段的电影——《冷暖人间》《灰飞烟灭》和《讲心不讲金》则是他影视道路的开端。

真实生活中爱情降临

“阿米尔结婚了！”是谣言，还是确有其事？这成了当时最流行的八卦。阿米尔意识到，《冷暖人间》的成功，使他不得不对自己的私人生活有所保留。其实，《冷暖人间》还在拍摄时，阿米尔就已经和芮娜·达塔成婚了。

从表面上看，芮娜和阿米尔没有交集。她毕业于美国圣泽维尔的统计学专业，父亲是一位印度航空的官员。唯一近水楼台之处，就是从她印度航空公寓的家中能看到阿米尔家的阳台。

在后来的采访中，阿米尔承认自己被她的幽默感吸引，这和他“臭名昭著”的恶作剧癖好倒是非常相配。此后就是有些冒险的求爱，和电影里的情节有些相似。

二人生活背景的差异，让他们的结合看似不可能。但是，就在芮娜成年的时候，他们上演了一出私奔戏码——21 岁的阿米尔和刚到结婚年龄的芮娜登记结婚，然后各自回家做了一段时间的“隐婚族”。直到芮娜的姐姐有所怀疑，并向她父亲告密，芮娜才正式搬入阿米尔家，向双方家庭公布了婚讯。

塔希尔·侯赛因马上就接受了这个儿媳，欢迎她成为家庭的一员。但是芮娜的父母却花了一段时间才接受这个事实。

达塔先生非常不高兴，甚至气出病来住院了。就在此时，阿米尔去看望岳父大人，并用自己的举止打动了岳父，获得了他的认可。

二人就此开始了 16 年的婚姻生活。这期间，他们承受了来自媒体的各种压力，在 2009 年的一次采访中，阿米尔说：“她和我相识的时候才 18 岁，而我才 20 岁，所以某种意义上来说，我们是一同成长的。”在《冷暖人间》上映后的一次采访中，玖熹爆料：“阿米尔每天都给芮娜写信。有一天，剧组从乌提转战到班加罗尔拍摄，阿米尔突然联系不上芮娜了。剧组的车已经准备好，到了非走不可的时候，阿米尔的泪水在眼睛里打转，坚持一定要和芮娜联系上再走。”

《冷暖人间》即将上映时，不会有观众想知道帅气男主角已婚的消息，因为这只会给电影带来负面影响。在后面的采访中，阿米尔说自己从来没有隐瞒已婚的事实，但也从来没有人问他是否结婚，他就顺势保持沉默了。

芮娜一直远离娱乐圈，她在旅行社工作了一段时间，乘公交车上班，没有因为阿米尔的妻子身份改变什么。但是有报道称，她还是不能无视亿万女粉丝对自己丈夫的狂热崇拜。在她的电脑培训课上，学生们甚至请求推迟考试，以便去看《讲心不讲金》的首映。

阿米尔和芮娜就这样，同一个世界生活，却在不同的世界工作，克服着明星夫妻要经历的种种高潮和低谷。夫妻俩最吸引媒体注意的时候，就是他们的两个孩子朱奈德和艾拉出生的时候。2009 年，记者采访阿米尔时，他回忆儿子的出生道：“1993 年，我的儿子朱奈德出生了，这改变了我的人生。我还记得那种初为人父的感受，什么都变得与众不同，我的责任，我的一切都变得不一样了。那种感觉真的很神奇。”

阿米尔在开始自己影视之旅的同时，也开始了作为一名年轻丈夫、年轻父亲的道路。

第二章

事业的突破

六年前，《冷暖人间》开辟了阿米尔的影视之路。影迷们不愿淡忘这部电影，更不愿意忘记这个角色。这种情感，在如今的年轻人看来是十分微妙的。对于他们而言，如今这个经常出演精明角色的“老演员”，很难与那个曾经青涩单纯的形象建立起联系。当然，阿米尔本人依然葆有那份坦率，他的性格可以说是毫无修饰的完美个性。

——1994 年，电影评论家哈立德·默罕默德发表于《印度电影观众》

如果在过去的这些年中一直关注我的作品，就很容易对我出演的角色做出评价。《冷暖人间》——一个痴情大男孩；《灰飞烟灭》——前无古人的角色；《讲心不讲金》——一个年轻气盛且信心满满的男孩；《爱在旅途》——一个有着冷幽默的机会主义者；《情比金坚》——善于交际并喜欢为失败找借口的小子；《假假真真》——无厘头且自以为是的奇葩；《情牵一线》——谦虚谨慎，肩负重要使命的人；《艳光四射》——聪明的街边混混；《激情代价》——以自我为中心的歌手；《印度拉贾》——情感外露的小镇出租车司机；《真爱无敌》——幽默且接地气的大男孩。

——阿米尔·汗 1997 年接受《亚洲时代》采访

《爱在旅途》与此前的电影不同，因为这是一部让我乐在其中的电影。最后呈现的效果与我预期的相符，所以，我很关心观众是否喜欢。很庆幸，观众们非常喜欢。

——阿米尔·汗 1991 年接受《印度电影观众》采访

一位有名的印地语电影导演，在听说此书要从阿米尔·汗从业首部电影写起时，表示赞成。而对于阿米尔 90 年代的电影，他表示：“这是最无趣的时期了。”草率地将阿米尔的整个 90 年代归结为“无趣”，就是无视公众眼中这些电影所占据的地位，同样也无视了阿米尔从邻家男孩到逐渐游刃于不同角色的成长。

阿米尔对剧本的挑选标准，在 90 年代就初见端倪了。他在之后二十余年的时间里，一直固守着这个标准。

但对于整个 90 年代来说，他最初上映的三部影片——《爱在旅途》《情比金坚》《情牵一线》——都具有突破性意义。这三部影片，使阿米尔在 90 年代初期，就走在了时代的最前沿。

这些都得从不寻常的好剧本说起。一部好莱坞经典电影，被宝莱坞拿来改编，阿米尔一看剧本，就难以自拔了。他事后承认：“我是彻底被迷住了。”弗兰克·卡普拉的《一夜风流》，就这样被翻拍成了印地语电影《爱在旅途》。事实上，弗兰克·卡普拉的这部经典杰作，已经多次成功地抓住印度电影人的心了。早在 1956 年和 1957 年，就有两部电影从中汲取灵感。如今，二十几年过去了，马赫什·巴特又将经典重现了。

与此同时，阿米尔也正希望与马赫什·巴特合作。这时的马赫什·巴特已通过其好几部佳作在印地语电影界建立起了声望。在此之前，马赫什·巴特甚至曾给过阿米尔一部电影剧本，遗憾的是，没能成功地打动阿米尔，那一次，阿米尔在进行了十分深入的调查和思考后，将剧本交还给马赫什，表达他非常想与之合作的愿望，但不是那部电影。之后，马赫什又分享了《爱在旅途》的剧本给阿米尔看，这次阿米尔欣然接受了。

原版的《一夜风流》，讲述了一位出逃的富家女追求爱人的故事。在出逃过程中，她遇见了一位记者，这位记者为了得到关于她的独家新闻，护送她同行，他们之间慢慢产生了爱意。

巴特对这部经典的重塑，受到了美国浪漫喜剧以及宝莱坞经典音乐剧的双重影响。而这两者的相互作用，为电影带来了一种神奇的吸引力，同时还掺杂了些许的幽默感。阿米尔和普佳·巴特[①]在片中产生了强大化学反应，十分光彩夺目。

这部电影是浪漫喜剧，阿米尔的角色有很大的突破，是他以前不曾尝试过的类型。男主角拉固·杰特利是一个精于世故的享乐主义者，他有着幽默感，但是喜欢独自一人。其浮夸外表下，保留着单纯的本性。拉固是一个复杂的角色，他使观众们着迷，使他们欢笑。但是最大的挑战在于，这一人物注定不会让所有人产生共鸣，却需要赢得观众们的心。

此时的阿米尔，已经开始摆脱《冷暖人间》中的青涩与害羞，《讲心不讲金》之后，他开始在角色中加入一些傲慢无礼的点缀，而这在 90 年代早期电影中至关重要。

《爱在旅途》是阿米尔早期对翻拍角色的成功塑造。对于拉固·杰特利，从角色名字选择，到与众不同的外形，阿米尔都力求与原作划清界限。正如阿米尔之后解释的那样：人物的名字，必须听起来合理，却不大讨人喜欢。而在片中，当出逃的富家女一听到记者的名字，就马上表示不喜欢这个名字。最终，阿米尔选定了拉固·杰特利作为男主角的名字，因为他认为这名字听起来粗俗而不讨喜。

① 译者注：马赫什·巴特的女儿，片中女主角普佳的扮演者。

据说，阿米尔曾花了几个小时，设计拉固·杰特利的那顶白帽子。所有的演出服装，包括鞋子、手表、帽子在内，都被作为服装样板收集在一起。在若干年后的《艳光四射》中，男主穆纳也有着相似的穿戴。

这部电影在上映之初就获得了极佳的票房。与此同时，拉固·杰特利的那顶白帽子，也迅速出现在印度各个城市。而这也是“阿米尔式装扮”首次成为一种被追逐的时尚。在随后几年中，他在不同影片中曾多次刷新“阿米尔式装扮”，自然，每一次都伴随着巨大的成功。

阿米尔在《印度时代》的采访中谈道：“我的表演从来就不是完美无瑕的，但是与《讲心不讲金》时相比，《爱在旅途》中的表演肯定是有了改善和提高。而与《冷暖人间》相比，《讲心不讲金》中的表演也提高了不少。”他这样评价自己在《爱在旅途》中的表现：“截止到当时，我最收放自如的表演。”此时的阿米尔，已经不需要在镜头前摸索着表演了，他早已探索出了一整套适合自己的表演方法，他知道应该如何表现。这或许就是阿米尔独特表演风格形成的开始。

1990 年，《印度电影观众》曾专访阿米尔，他说：“出演这个有趣的角色拉固·杰特利对我来说是一个挑战。但是，同巴特先生的合作更加丰富了我的表演经验。在拍摄电影中我也更好地了解了自己，不仅是作为一名演员，作为一名普通人，我也能更好地表达自己的情感了。”

上映之后，这部电影就被指抄袭《一夜风流》。但是，这些批评声中，没有一句是针对阿米尔的表演的。恰恰相反，《爱在旅途》在阿米尔早期同题材的电影中，可以称得上精品，甚至也成为他本人最得意的 90 年代作品之一。

从艺术的角度来说，《情比金坚》算不上完美。它的目的，也并不是成为完美的艺术作品，而是给予流行电影应有的社会地位和荣誉，找回最近十年乃至更长时间以来人们丧失的对美好事物的鉴赏能力。曼苏尔·汗，这个年轻的导演，成功地打破了电影中复仇的传统模式，以及超级英雄的角色设置，将他的电影角色植根于现实的社会情景下。

——1992 年《印度每周画刊》

距拍摄结束两个月了，影片的 35% 已完成制作，所有的关键场次都已经完成后期制作。但就在此时，让主创们始料未及的事情发生了。总之，如果还想完成这部电影，就不得不重新拍摄。[①]

“那我们就重拍吧。”电影年轻的主演如是说。

这就是《情比金坚》。这部电影让阿米尔·汗和曼苏尔开始了第二次合作。

曼苏尔早在写《冷暖人间》剧本前，就在构思这个故事了。这是一部充满青春气息、新鲜感十足的电影。相比《冷暖人间》，这部电影其实更加接近曼苏尔内心的想法。

《情比金坚》和那个时期大多数的印地语电影一样，有着相同的中心和主题——爱情、友情和家庭。但是，这部电影无论是在背景设置上，还是在叙事

① 译者注：具体理由详见第四章。

推进上，都与之前的作品有很大不同。尽管主题传统，但却被定位为喜剧，加入了搞笑成分。这在当时的印地语电影界，是一种不大常见的情节推进手法。其实，这种推进手法在西方已被广泛接受，只是在印度电影中不常见。

与《冷暖人间》相似，《情比金坚》也没有设置老套的情节和人物关系。除了搞笑的表演，家庭关系和爱情都是这部电影的基本组成部分。当然，作为标准的"曼苏尔·汗式"影片，本片的结局激动人心，主人公获得了真挚的爱情，同时，亲情也得到了升华。

在随后的采访中，曼苏尔·汗表示，本片从喜剧电影《告别昨日》[①]中汲取了许多灵感。在这部电影中，年轻的主人公眼睁睁地望着他所崇拜的对象在他面前轰然倒地。

虽然有着相似的大结局，但《情比金坚》与《告别昨日》还是完全不同的，曼苏尔为这部电影设计了更为成熟的故事情节。

由于种种因素，这项计划不得不被搁置下来。最终也只得在《冷暖人间》上映后，才得以开始筹备。但不论怎样，阿米尔始终是男主角的首选，于是这对堂兄弟很快开始再一次的合作。

这部电影最初是由吉里贾出演女主角，但是，因为曼苏尔决定弃用那些已经拍好的关键镜头，所以不得不重新分配角色，重新拍摄。在所有变化中，最大的就是由安亚莎代替吉里贾出演女主角。此外，普佳·贝迪出演德维卡的角色，而此前这个角色是由一位女模特出演的。

曼苏尔将叙述故事放在第一位，不缩减剧本。而这个决定使拍摄变得困难重重。他希望创造出最真实的电影拍摄场景，甚至为电影中的自行车赛设置了真实的赛车道。但是，所有这些都不得不重新开始。

此时，阿米尔的支持至关重要。阿米尔告诉曼苏尔要继续坚持下去。在极

① 译者注：1979 年出品的美国情景喜剧。

为困难的情况下，选择对导演无条件支持，可见阿米尔作为演员的职业操守。甚至连曼苏尔到了崩溃边缘的时候，阿米尔还依然保持着那份冷静。

此后，阿米尔本人在担任电影制作时，面对重重困难，总是坚持到底，从不放弃。事实上，早在1992年，作为影视新星的阿米尔，对于电影就不会做出任何妥协了。

最终，演员的改换的确使剧本更有层次感。安亚莎天真无邪的形象，完美地衬托出了阿米尔顽童般的表演和普佳·贝迪性感的表演。她在本片中饰演的安加丽，也成了在她银屏上最迷人、最有魅力的角色之一。在她90年代的其他角色早已被遗忘的时候，安加丽的形象却一直长存影迷心中。

影片拍摄中，他们还挑选了其他重要演员。在电影插曲中，阿米尔和曼苏尔的外甥伊姆兰·汗出演了小阿米尔，而另一颗新星阿克谢·库马尔也参与了谢卡尔一角的试镜，却输给了迪帕克·狄杰里。

《冷暖人间》横空出世，获得了空前的成功，让人们无比期待曼苏尔的喜剧。因为《讲心不讲金》，观众又开始期待阿米尔的喜剧。可惜《情比金坚》没有引起电影销售商的热捧。当上映之时，人们发现，曼苏尔又一次牢牢地抓住了观众的脉搏，特别是印度的年青一代。而那些曾经年轻的观众，早已成长为阿米尔最忠实的粉丝，都疯狂追捧这部电影。虽然《情比金坚》算不上大片，但依然获得了商业上的巨大成功。

1993年，阿米尔在接受《印度电影观众》采访时曾这样说：“这是最接近我内心的一部电影，也许它并不那么完美——当然，剧本是无可挑剔的。曼苏尔在电影后半部分的过渡中，犯了一些错误。即便如此，他也应当获得赞扬。毕竟他在如此具有挑战性的工作环境下，还能为我们奉献出一部高水平的电影。”

与《冷暖人间》相似，阿米尔在《情比金坚》里的角色也有着真实男孩所有的总爱惹小麻烦的弱点，与更富有责任心的哥哥相比，他甚至有些软弱。但是，或许是因为他的坦率和真诚，《情比金坚》深深地印在了观众的脑海之中，也使得桑杰成为阿米尔所有作品中最不可磨灭的经典角色。这也是阿米尔早期角色转变的开始。

阿米尔在《冷暖人间》《灰飞烟灭》中所塑造的文弱形象，再也不是他唯一的角色类型了——他的外形，从《灰飞烟灭》中的羸弱，变成了《情比金坚》中健美的运动员形象。一个健康、阳光的捣蛋鬼形象出现在荧幕上，偶尔在不经意间流露出一丝敏感。这两者构成了完美的衬托，互相补充，相得益彰。

社会各界，甚至包括时事评论员，都在分析《情比金坚》中的冲突矛盾。没过多久，电影中的一首曲子就成了一代人钟爱的赞歌，成为共同的青春回忆。这首歌的舞蹈编排，也被公认为法拉·汗[①]最杰出的代表作之一，也是最早使用慢镜头拍摄的插曲之一。贾丁·潘迪特和拉里·潘迪特[②]的合作天衣无缝，旋律中透出初恋独特的味道，而将这种情感表现出来的就有阿米尔·汗。

《情比金坚》是阿米尔首部被媒体誉为"突破性"的电影，赢得了批评家们的交口称赞，以及电影界的一致好评，完胜另一部年度大片，一举赢得印度电影观众最佳影片奖，可见其影响之大。但是，阿米尔却再次与最佳男主角擦肩而过。[③]

① 译者注：印度著名的电影导演和舞蹈编剧，曾为宝莱坞八十多部电影编排过上百首歌舞，其中包括阿米尔主演的《情比金坚》《复仇的火焰》。

② 译者注：出生于音乐世家的两兄弟，著名的电影音乐制作人，曾为多部宝莱坞电影担任原声音乐制作，其中包括《情比金坚》《古拉姆》《为爱毁灭》等。

③ 译者注：虽然这之后被认为是一个糟糕的决定。

这部电影，也是阿米尔早期最后一部校园浪漫喜剧。此后，他开始转型，致力于塑造更成熟的角色。直到 2000 年之后，他才重回校园拍摄。

电影中总会有一些东西和社会潮流背道而驰。

——塔希尔·侯赛因接受《印度电影观众》采访，1994 年

1993 年，无论是对于印度，还是对于印度电影界来说，都是困难的一年。当年的《印度电影观众》记载道："暴乱、轰炸、枪击……1993 年的上半年，对于孟买的电影巨头们来说，如同地狱一般。所有人都希望这场噩梦很快过去。"

那一年，宝莱坞佳片云集，在此情况下，《情牵一线》登陆全国各大院线公映。

与《爱在旅途》一样，本片也翻拍自好莱坞经典电影——由加里·格兰特和索菲亚·罗兰主演的《水上人家》（1958），同时也受到了史蒂文·斯皮尔伯格经典影片《E.T. 外星人》（1982）的影响。但是《情牵一线》既不是爱情故事，也不是轻喜剧，更不是动作戏。它讲述了一个年轻的工程学院学生拉胡尔·马路特拉（阿米尔·汗饰），突然成为姐姐三个遗孤的监护人。其间，离家出走的富家千金瓦家迪（玖熹·查瓦拉饰）给予了他很大帮助。

这部电影由马赫什·巴特导演，塔希尔·侯赛因制片。和《爱在旅途》一样，在公映前，为了迎合观众需求，也进行了点映。本片最大的亮点是，成年演员都是绿叶，三个孩子才是真正的红花，他们给电影带来了恶作剧等轻松元素。

在印度，老少咸宜的电影少之又少，本片可以称得上先锋之作。从剧本就能看出主创们的努力——由于家庭变故，一切都发生了变化，年幼的孩子在父母意外亡故后，需要由年轻的舅舅继续抚养。与此同时，年轻的小伙子还要照顾孩子父亲濒临破产的生意。

阿米尔在出演了多个“罗密欧”之后，终于塑造了一个冷静谨慎，需要承担责任的角色。他稍带害羞的严肃，是孩子们青春活力以及女主角迷人魅力的最佳反衬。这和好莱坞经典影片《音乐之声》以及宝莱坞经典影片《苦难的人生》（1983）有异曲同工之处。其实，《情牵一线》展开情节的方式，的确借鉴了《苦难的人生》的经典插曲。

对于这个人物的把握，阿米尔本身很不自信。他在接受《印度电影观众》采访时说：“我一直要求我的表演要达到自己的预期，在《爱在旅途》和《情比金坚》中，我做到了。但在《情牵一线》中却似乎没有做到，也许是因为这部电影并不要求如此，也许是因为拉胡尔这个人物本就该忧心忡忡。所以，即便是电影上映以后，我也不太了解这个人物。我的角色就像个‘受气包’，只要马赫什·巴特告诉我说：‘好，这个感觉就对了，你的人物就应该这样。’我也就不多想，一心表演。”

这也是阿米尔首次与儿童演员合作，对他来说，这是一次非常有趣的经历。1994 年，女主角玖熹·查瓦拉在接受《印度电影观众》专访时说：“刚开始，孩子们都很老实，很拘束，后来慢慢地和我们熟识，就开始不安分了。他们在片场捣乱，让我们没有片刻安宁。还总是要人陪他们玩儿，我们也只好答应……当然是指在每场戏间隙的时候……没多久，我们的精力就被耗尽了，毕竟体力跟不上小孩子，只能让他们自己玩去……不过，这的确很有意思。”毫无疑问，这营造了本片轻松活跃的气氛。

阿米尔也是本片编剧之一，从影后，他开始尝试电影业的其他工作。阿米尔经常会做这类尝试，也许正因如此，才有人说他近年来过多地干涉导演，或其他电影人的工作。对这一看法，马赫什和阿米尔本人都不敢苟同，不过两人的角度不一样。马赫什携剧组接受《电影观众》采访时，玖熹爆料说："阿米尔从来没有干涉马赫什的拍摄。他确实有提建议的习惯，每一步他都有建议，有时候这些建议就被采纳了，有时候也会被驳回。电影高潮部分就是阿米尔的主意，按照之前的剧本，三个孩子向达力普·达西尔[①]和娜芙尼特[②]扔鸡蛋。但阿米尔觉得扔一次不够。事实证明，这一段确实最让观众捧腹。"

阿米尔和马赫什·巴特有很大不同，正因如此，尽管《爱在旅途》和《情牵一线》的社会反响极佳，两个人也再没有过合作。现在的影坛很少提《情牵一线》引来的争议和影响了，其实，当年的电影票房虽然不景气，但本片依然获得了良好的社会反响，票房成绩也不俗，甚至还超过了其他作品，获得了电影观众奖最佳影片奖。尤其是对于阿米尔的父亲塔希尔来说，那一刻非常特殊，他在第39届印度电影观众奖颁奖典礼之后接受采访说："我从影22年了，这是我第一次获得电影观众的奖杯。"1994年，马赫什·巴特还凭借本片获得了国家电影奖的特殊评审导演奖。阿米尔在本片中的表现也大获好评。印度刊物这样评论："阿米尔在这部电影中的表演可圈可点，他和玖熹·查瓦拉的合作，像是吹向古板印地语电影界的一阵清风。"

不过，通过这部电影赢得最大关注的是玖熹和孩子们，阿米尔则更看重整部电影的利益。1994年，他接受《印度电影观众》的采访时说："玖熹是一位非常棒的女演员，她表现得比我好。我在写剧本的时候不能偏私，否则，电影的平衡会受到影响。如果观众更喜欢她的表演，我也没什么可抱怨的。在这方面狭隘地攀比，会毁了一部好电影。"可见，对于阿米尔来说，电影的利益

---

① 译者注：剧中玛雅父亲的扮演者，和阿米尔合作甚多，《冷暖人间》中扮演他的父亲。

② 译者注：剧中玛雅的扮演者。

高于他作为演员的利益。

关于《情牵一线》的讨论不仅仅局限于阿米尔的表演。这部电影和《情比金坚》《爱在旅途》都是 90 年代初阿米尔最特别的作品，这些电影的成功在于它们单纯的娱乐性质。阿米尔表现出的亲和力和正能量也是一大亮点，这在《冷暖人间》中也有所体现。

《爱在旅途》和《情牵一线》背后的故事

同样是翻拍自好莱坞经典电影再加入印度元素，15 年后马赫什·巴特又回忆起了这两部电影的拍摄过程——

马赫什·巴特：

《爱在旅途》就像混乱影坛的一股清流。其吸引力和影响力源于故事情节，也就是剧本。它是根据《一夜风流》改编的，这一点众所周知。决定拍摄这部电影时，在版权方面我们做足了工作，确保万无一失，可以没有后顾之忧地放映。虽说是改编，但是，如果我能抓住弗兰克·卡普拉[①]这部经典之作的精髓，那也算是很大的成功。

我们借用了美国版的故事，让本片编剧之一沙拉德·乔什进行改编。他在每个细节中都注入了印度元素，最终呈现出来的作品非常完整，可以说和原作完全不同——虽然是从美国引进了种子，但是，我们将它培育在了印度的土壤上，并且开出了独一无二的花朵。

我们的演员团队，阿米尔、普佳·巴特、阿努帕·希尔（剧中普佳父亲的

① 译者注：《一夜风流》的导演，也是经典好莱坞时期最成功的导演之一。

扮演者），以及其他所有演员，都让这部电影的拍摄有了与众不同的美好回忆。在现在青年一代的眼中，这也是一部比较清新的电影——剧情简单真诚，纳迪姆·沙万[1]的音乐也超凡脱俗。

不管你花多少精力，都会存在佳作与烂片。只有电影成功的时候，人们才会强调：这部电影花了主创们很多的精力。我们在拍摄《爱在旅途》的过程中并未遇到什么难题，只是经常聚在一起长时间讨论剧情，比如阿米尔那顶小帽子，就足足花了几个小时。当然，这也是阿米尔本人的做派，他认为，没经过讨论和争执，就说明没用心思考。除此之外，其他都很顺利。

拍摄中有一个困难，是普佳唱主题歌《爱在旅途》的那一场，这是第一天拍摄，普佳还是新人，她之前也只演过《父亲》一部电影，这是她第一次对口型拍摄歌曲部分。我们安排整个剧组都和她一起唱，这样她就能更加放松。这件事让人记忆犹新，这一幕也是我拍摄过的最好的歌曲场景之一，没有任何编排，只是我、普佳和阿米尔三人独立设计的，其中原生态的部分没有被破坏。

《爱在旅途》的成功之处，还在于演员的表演。人们看过黑白经典版之后，还是更喜欢我们这一版。当然，这也有个原因，因为毕竟《一夜风流》的主演们年龄偏大，两个中年人在银屏上演绎浪漫爱情故事，别说年轻人了，有时甚至连同龄人都很难被打动。《爱在旅途》表现的则是一对年轻人，他们的年龄正合适，为这个故事创造了年轻的氛围，这使得发生的一切顺理成章，这也是本片的灵魂。

阿努帕·希尔的精彩表演，也是本片成功的一大因素。尤其是最后逃婚的一幕，在印度电影史上绝对是空前绝后的——一位父亲帮助女儿逃婚，事成后还乐得手舞足蹈。这和当时的印度电影的套路完全背道而驰，在一些常规影片

① 译者注：本片以及《情牵一线》《印度拉贾》等片的音乐总监。

中，做父母的甚至会跪在女儿脚下，求不情愿嫁人的女儿认命，因为这对一个家族的尊严至关重要。

当然，阿米尔和普佳的演绎也是毋庸置疑的，其他配角的演技也很不错。当一部电影好的时候，所有都是好的。这本身就不是一个人的胜利，虽然看起来男主角占尽了风头，但事实上，奖杯属于所有人。

对《爱在旅途》的批评，主要集中在“翻拍”，而对于这点我从不否认。喜欢这部电影的观众会与之争论一番，说这部片子是本国特色。但是，在与专业评论家的对峙中，他们也只能充当防守的一方。对此，我的观点是：一部电影之所以能常驻人心，是因为它在受众心里留下了不朽的印记。

《爱在旅途》并没有引领新的电影潮流，虽然它是一部成功的电影，但是它的影响范围有限，不像《情牵一线》那样有群众基础，能将影响力延伸到小的城镇。相对来说，《情牵一线》的音乐也更有印度特色，红极一时。

作为导演，我更喜欢和孩子们合作，比如在《情牵一线》中那样。库纳尔·赫姆[1]是个鬼灵精怪的孩子，我和他的感情是说不清也道不明的。往往在以成熟演员自居的大人无休止地讨论的时候，这些孩子一声不响地就搞定了。

和玖熹合作也比较简单，她在这部电影里表现非常优秀，并以此获得了电影观众奖最佳女主角。阿米尔的确是非常认真的演员，尽管我经常被他的“较真儿”所困扰。我一直试图让所有人明白，电影是艺术，不是科学或者法律，不需要一丝不苟、字斟句酌，我们需要的是更多人的支持。有时候，我们为了追求理想的完美境界，浪费了太多的精力。

我认为玖熹在这部片子中很出挑，而且表演得很轻松。她有很多表演不是剧本要求的，而是她自己的理解和即兴发挥。当然，阿米尔也为这部电影做了

① 译者注：《情牵一线》中最好的桑尼的扮演者，著名童星，还和阿米尔合作过《印度拉贾》，现在也是电影演员。

很大贡献，他对电影的精细推敲，倒更像是一个制片人，这是他的特别贡献。

总而言之，《情牵一线》这部电影的拍摄很难忘。其实，这两部电影在当时的电影界都比较新颖，也都得到了全国观众的笑声和掌声。

音乐是《情牵一线》成功的另一个原因，一部印度电影如果没有成功的音乐的话，绝不可能成功，这一点你看印地语电影的历史就知道了。在这部电影里，纳迪姆·沙万的事业达到了顶峰。所以，我认为良好的剧本、出色的表演、紧凑的剧情以及突出的印度风情，使得这部片子的成功在意料之中。

《爱在旅途》讲述了一个叛逆女孩离家出走的故事，这在印度并不常见。《情牵一线》里虽然也有个离家出走的女孩，但是，她的形象除了叛逆，还有其他的特点。剧中没有刻意表现她如何从叛逆女孩变成成熟女人，而是让她和一群学龄前儿童朝夕相处。我最喜欢的场景就是，玖熹发现自己成长的桥段：她一个人跑进厨房，发现自己坠入爱河，无法接受爱给自己带来的痛苦。

当然，孩子和舅舅恶作剧的几场戏也很有趣。公正地说，只有阿米尔这样的聪明人，才不担心别人和自己抢戏。很多明星，只要我们给其他人镜头而没给他的时候，就会不高兴。对于这一点，阿米尔是与众不同的，他把自己放在一个电影人的高度，而不仅仅是一个演员。

共事之前，我就看得出来，阿米尔不仅仅是一个演员，他的思维和视角非常新颖，经常想另辟蹊径。这是他的个人特质，和我合作的演员身上鲜有这种特质。但是，对于他在细节上的较真，我从来也不习惯，我们的个性非常不同。我经常看到他费心竭力地推敲细节，即使能够修改，他本人也元气大伤了。我们共事的过程非常艰难，因为我们的工作方式截然不同。而只有一个人的想法才能支持这部电影的完成，因此，作为本片导演，我还是用自己的方法完成了这部电影，并获得了成功。

比较《爱在旅途》和《情牵一线》，我认为后者的拍摄过程更开心。

再来说说阿米尔在这两部片子里的表现吧。我认为他是勇敢的演员，因为他不怕聚光灯打在别人身上。他的真诚是极少见的，任何人都不能否认这一点。但是，两部片子里我更喜欢他在《爱在旅途》中的表现，当然了，毕竟作品不同，情况也不同。

《情牵一线》中，他表现出更多的责任感——他既是编剧之一，又是演员，他站在一个制高点审视这部电影，自始至终地爱护它。也许就是这些多出来的担子压垮了他，这也是为什么玖熹获得的好评更多，还得到了印度电影观众奖。但是，我看到了他正朝着自己想要的方向努力——成为真正全面的电影人。人类的发展，本就是控制事物，同时让自己免于被他人控制，我认为，他把这种观念放在了演艺事业里。他在《情牵一线》中的表演比较成体系，但是少了自然成分。而后者在《爱在旅途》中倒是有所体现。对我而言，如果没有了自然成分，即使拍摄再有套路，也有所欠缺。

当然，如果10分是满分，那么我给阿米尔在《爱在旅途》中的表演8分，给《情牵一线》中的他7分。哈哈，这就是他同时肩负多方面责任导致的后果了。

第四章 巨星来到

当时，有很多人这样说："尽管阿米尔占有很多优势，但是，他依然没有触及亚尼·卡普的地位。"同样是这种关系的，还有玛杜丽·迪克西特和希里黛玉二人，玛杜丽一度被视为希里黛玉的挑战者。阿米尔最终用自己的方式超越了亚尼·卡普，后者越来越老，而阿米尔依然年轻。

——1990年《印度时报》记者戈里贾·拉文德兰报道

20世纪90年代初期，亚尼·卡普被认为是继承了阿米塔布·巴强衣钵的男演员，有机会成为宝莱坞天王。他凭借《印度先生》（1987）、《辣女酸男》（1988）、《拉姆和拉坎》（1989）、《这只是鸟》（1989）、《凯山和凯纳亚》（1990）、《一生与瞬间》（1991）和《儿子》（1992）等片，创造了商业上和艺术上的成功。相较之下，阿米尔和萨尔曼则属于新兴一代。

但是，在90年代中期又诞生了一位新星。他从天而降，使电影界的预言家们感到慌张。没有任何电影世家的背景，他却凭借着《爱情骗局》（1993）、《恐惧》（1993）以及《勇夺芳心》（1995）等片迅速蹿红，他就是沙鲁克·汗。

在这个情况多变的时代，阿米尔却依然故我，坚持用作品巩固演员地位。虽然在80年代末90年代初，他一直以"奶油小生"的形象示人，但是现在，他开始努力突破这一局限了。1993年，在《印度电影观众》采访中，沙鲁克·汗评价阿米尔说："他是我们这个时代最好的演员之一，将来可能会和阿米塔布·巴强比肩，就像今日的汤姆·克鲁斯一样。拉杰什·卡纳是达不到这一高度的。阿米尔会不断地突破自己，我认为他没有极限……阿米尔，我认为你可以演一些更有突破性的角色，一定会再火上六七年，然后凭借十几个代表性的角色，被人们永记于心。”

其实，在此之前，阿米尔就已经开始突破“奶油小生”的形象了。从单纯浪漫的角色到现实情感的角色，从喜剧到动作戏。与此同时，人物的背景也发生了很大变化，从校园男生到年轻父亲（《激情年代》），再到市井小混混（《艳光四射》）。他知道自己在演戏方面有天赋，但依然百分之百投入，坚持为自己的表演带来新的亮点，让自己完全成为这个角色，每次都是如此。

阿米尔这一时期的作品虽然不是部部成功，但是，他已经开始认真挑选影片了。90年代，电影的成败已有相对统一公平的标准。有一次，拉吉夫·马萨德采访他时提到他的作品，阿米尔说：“有时候，人们喜欢我的角色，自然就赞同我的选择……但是，事实总有不尽如人意的时候……过去如此，以后大概也会是如此。”

一旦决定拍摄一部作品，阿米尔就对自己所要承担的风险全然不觉了。1997年在一次《印度时报》的采访中，他说：“从1993年开始，我就一直会接到顶尖导演的邀约，让我有机会拍摄他们可能会大卖的电影。而事实上，我却和新人导演合作偏多，其中之一就是拉姆·戈帕尔·维马[①]，此前，他已经连续有三四部作品失败了，但是，我依然选择和他合作。后来，我又决定与达梅什·达山合作《印度拉贾》，而他的作品中，也只有《天生之音》（1993）成功……我并没有贬低他们的意思，不过，当时的确有很多知名导演邀请我合作。”

从90年代开始，在大多数人的不经意间，阿米尔已经开始做与众不同的选择了。

① 译者注：《艳光四射》的导演。

作为年青一辈的梦中情人，他们的名字一经出现，总是有着无穷的票房号召力。他们在银幕上有着出色的表现，两人出道的第一部作品，都大获好评。他们的横空出世，本身就是 80 年代不可忽视的现象。

——1991 年《新闻时代》阿米尔·汗和萨尔曼·汗专题报道

自从在印度电影业初次亮相之后，阿米尔·汗和萨尔曼·汗的名字就总是被联系到一起，人们经常会拿他们两个做比较。所以，当导演拉库马·萨托西宣布，这两位年轻巨星将同台出演《假假真真》时，立刻成功地吸引了人们的关注。在《假假真真》中，他们饰演了两个用尽手段渴望博得富家千金芳心，以求一夜暴富的年轻小伙子。戏里的两人，总是互相使坏，耍尽小心思，只求引起小姐的注意。当然，就算这两个坏小子再滑头，由于表现手法的原因，呈献给观众的形象，也都是顽皮可爱的，因此，得到了观众们的坚定支持。

本片剧情一波三折，有莎士比亚喜剧式的跌宕起伏，完全走娱乐搞笑路线，其笑点来源于剧情，而非脱口秀式的对白。在萨托西广受好评的电影《挡不住的疯情》之后，这部电影对他来说，可算是一个意义非凡的转折，标志着他从拍摄严肃而小众的独立电影，转型到这类纯粹虚构情景的喜剧上。

“两个明星是否为戏份争风吃醋？”这样的猜测显然少不了。但是，在 1993 年 1 月，也就是这部电影结束拍摄 20 天后，阿米尔接受了《印度电影观众》采访，他说：“我和萨尔曼的表演都非常出色。两个人的角色截然不同，却平衡得很好。很难说哪个更出色一点。我的粉丝自然会说我压过了他的风头，而他的粉丝也一定会站在他那边。但是，我很确定的是，我们在这部电影中收获的评价不会有很大差别，两个人的影迷都会喜欢，影片也会因此成功。”

不出所料，电影首映时，这番预言就被证实了。两个主角都保留住了自己的风格，并在银幕上产生了无与伦比的化学反应——阿米尔的圆滑聪明和萨尔曼的憨态可掬，表现得相得益彰，征服了所有的观众。

萨托西作为这部电影的编剧，也从明星的个人特质出发，在电影中适当地加入了一些“小惊喜”，希望能博得观众们不经意间的会心一笑。于是，在阿米尔饰演的角色被抓到监狱时，电影里响起了阿米尔的成名作《冷暖人间》中轰动一时的插曲旋律——《爸爸说我一定会有出息》。在另一场戏中，阿米尔有一句台词：“胜者为王”（出自影片《胜者为王》）。这两处安排，都能唤起观众脑海深处对阿米尔早期作品的回忆。

十年之后，影评人在《宝莱坞星球》上再次点评这部电影时，写道：“阿米尔把阿马尔这个角色诠释得很棒。他的表演发自内心，展现出了他处理喜剧角色的力度。他表现得非常出色，台词对他更是毫无压力……但是，如果说阿米尔·汗压制了萨尔曼·汗，这的确是不公平的。即使阿米尔表现得更出色，但是，萨尔曼的确是顶住压力，成功地跟上了他的节奏。况且，这是萨尔曼首次尝试喜剧角色，能有如此表现，同样让人难以置信。影片中，很多场景充分展示了萨尔曼的喜剧天分，他和阿米尔·汗之间有着强烈的化学反应。我的确有些好奇：为什么他们没有再次合作出演一部影片。”也许这样的观点不具普遍意义，但是，两位明星在电影中都展现了成功的表演，这是毫无疑问的。

十五年后，不，不止十五年，萨尔曼·汗主持的一档电影节目请来了阿米尔·汗作为嘉宾。出场时，这对老搭档骑着一辆自行车一同登上舞台，此时背景音乐就是《假假真真》的插曲。观众清楚地回忆起了这首歌，爆发出震耳欲聋的欢呼。多年之后，这对银幕上的搭档，仍然能勾起观众的回忆。

但是，如此成就并不是轻易获得的。喜剧对对白的要求非常高，阿米尔·汗曾说，他们为了在影片中设置完美的笑点，付出了无数的努力。阿米尔在拍摄影片中追求完美是尽人皆知的，他能说出这样的话，可见本片的拍摄过程并不轻松。

作为一部喜剧，导演为了强化喜剧效果，不停地修改剧本。最后导致结束拍摄后还不得不进行补拍，最终，剧组重新拍摄了六七幕内容。

如此精益求精的拍摄最终让一向挑剔的阿米尔，对自己的表现也十分满意。在电影上映之后的好多年里，阿米尔在接受采访时都表示，《假假真真》的阿马尔是自己最喜爱的角色之一。

然而，这部电影当时并没有得到耀眼的票房成绩。虽然电影口碑很好，还获得了印度电影观众奖最佳影片、最佳导演、最佳男主角（阿米尔·汗）、最佳喜剧演员（沙克迪·卡普尔）多项提名。不过在后来的日子里，这部电影逐渐积累起数量惊人的粉丝，大家都强烈要求这对才华横溢的搭档重新聚首，再拍一部电影。多年间，时不时传出本片翻拍和续拍的消息。

《宝莱坞星球》的影评谈到了本片票房失败的原因。“1994 年上映的《假假真真》,其票房收入并不理想,很大程度上归咎于本片在上映后迅速发行光碟。无论如何,这部电影本身是很出色的,完全能够成为90年代最佳喜剧电影之一,注定会被历史铭记。甚至有人称其为‘截至目前，宝莱坞历史上最棒的喜剧电影之一’。”

如果仍有偏狭之人怀疑阿米尔·汗塑造喜剧角色的能力的话，那么他看了《假假真真》之后，怀疑就该停止了。《假假真真》和之后的一些电影，比如《真爱无敌》，足以让观众们见证阿米尔·汗作为演员的进步和突破。

虽然《艳光四射》的故事，仍然局限于“两男追一女”的传统之中，但是却相当成功，引起了巨大反响。拉姆·戈帕尔·维马没有特殊处理穆纳这个人物，他就是个普通的市井小混混，女主角米莉，也仅被简单定义为一个电影新秀——他和她都很平凡，只是有着理想的芸芸众生之中的两个人罢了。

——《时代电影指南》，2007 年

接受穆纳这个角色时，我一点也没有犹豫，因为我知道，这肯定是一个正确的选择，必然会成功。

——阿米尔·汗接受《亚洲时代》采访，1998 年

不论是《爱在旅途》中那个机会主义的记者，还是《胜者为王》中由极不负责的坏小子蝶变而成的意志坚定的运动员，还是《情牵一线》中那个责任感极强的年轻舅舅，还是《假假真真》里那个无忧无虑的小伙子——阿米尔曾经塑造的一系列角色，都需要给《艳光四射》中的那个小混混让路。

这部电影故事的主线，是一个新人演员成为知名女明星的过程。其感情线索，是这个年轻女孩和她的朋友穆纳（阿米尔饰演）之间产生的爱情。穆纳是一个靠倒卖电影票过活的街边混混，影片中加入了一个偶像巨星拉吉·卡玛（杰奇·史洛夫饰演）对女主角的追求，构成了三角恋。

这部电影，是导演拉姆·戈帕尔·维马第二次尝试拍摄印地语电影。他的处女作是一部非常成功的泰卢固语电影。随后，他的印地语尝试之作《色欲情仇》却以失败告终。阿米尔并没有因为这位导演此前的失败望而却步，这就是典型的阿米尔·汗做派。他对穆纳这个角色很感兴趣，1996年，接受《印度电影观众》采访时，他说："我喜欢去挑战那些有点困难的角色，就像《假假真真》和《艳光四射》一样。我从来也不确定自己能否成功塑造出《艳光四射》中那个街边混混的形象，因为这个角色和我本人简直是天差地别。"然而，阿米尔最终非常完美地塑造出了这个人物，同时，为电影带来一股"市井风味"。阿米尔还说："虽然，要求我作为一个小混混，去说那些我从不使用的市井俚语，甚至是脏话，对我来说挑战很大，但是，总的来说，我认为这部戏的台词安排得非常流畅。尼拉吉设计的台词非常自然，我之前还担心可能会太刻意。当需要说一些脏话时，我本来还是有些担心的。不过，最终的效果确实不错，也许是因为我时刻没有忘记，自己在演一个小混混，所以这些话都好像是随口说出的一样。"

为了符合人物的地痞身份，阿米尔的外形设计得比较特别，始终保持一种艳俗夸张的装扮——一顶黑色帽子，不系扣子的衬衫，再加上一件渔网背心——这种打扮的小地痞在孟买街头随处可见。为了让自己的形象更接近人物，阿米尔开始收集各种服装。他认为，这个角色应该穿旧衣服，而且，他也不想让剧务买新衣服，演完就作为旧衣服被搁在一边。于是，他就开始向人们借服装。有一次，他看到剧组的一个小伙子穿了条牛仔裤，有点痞气，就问那人借来这条裤子，后来还给人家一条新的。

阿米尔对于市井俚语的学习也非常顺利。曾经有消息称，他专门花了几个月的时间走上孟买街头，到一些小帮派中去体验生活，学习他们的言谈举止。事实上，阿米尔在接受《亚洲时代》采访时说："其实我并不需要那样去研究一个角色。我是土生土长的孟买人，对他们的语言和行为，还是有所了解的。"

不管真相如何，阿米尔确实成功给自己染上了“痞气”，完全贴合人物要求。最终，他呈现出的就是一个穿着夸张服装、不拘小节、满口脏话的小流氓形象。

阿米尔早年塑造的一些角色，比较爱搞恶作剧，在那些角色身上，还是能找到穆纳的影子的。但是，出于剧本要求，他需要把这一特点更加淋漓尽致地表现出来，这是其他角色没有要求的。剧本需要这个人物引起观众共鸣，这就要求阿米尔非常细致地表演。事实上，由于主线讲述一个新人女演员变成明星的过程，所以，阿米尔为了这部电影还特意收敛光芒，将镜头多分给了女主角乌尔米拉，就像他在《情牵一线》中做的一样。

尽管阿米尔和导演拉姆·戈帕尔·维马在《艳光四射》上映后产生了矛盾导致关系恶化，但是，阿米尔对这部影片从未质疑过。2000年，记者拉吉夫·马萨德写道：“尽管拉姆·戈帕尔·维马和阿米尔再也没有联系了，但是，他不得不肯定阿米尔对电影持有的热忱，他认为，阿米尔超出其他电影人的激情是最难能可贵的。”

一个小地痞爱上做明星梦姑娘的独特的爱情故事，在票房上创造了骄人的成绩。

《艳光四射》是拉姆·戈帕尔·维马在印地语电影界的巨大成功。之后，他又导演了几部取材于孟买下层社会，颇有创新意义的影片——《塞雅》（1998）、《印度黑帮》（2002）和《印度教父》（2005）。《艳光四射》捧红了女主角乌尔米拉·马东卡，而在其他电影[①]里，她还是不为人知的新人演员。另外，这部电影也是音乐总监A.R.拉曼第一次涉足印地语电影。从这部电影起步，二十年来他又创作了很多脍炙人口的印度电影歌曲，甚至凭借《贫民窟的百万富翁》，一举斩获两座奥斯卡小金人。

《艳光四射》是阿米尔在90年代最重要的票房成功的影片之一，它在创

① 译者注：包括她作为童星出演的《人生规则》(1981)和著名的《苦难的人生》(1983)。

造了商业价值的同时，也获得了艺术上的赞誉。尽管 1995 年印度电影观众奖将最佳男主角颁给了《勇夺芳心》的男主角沙鲁克·汗。《勇夺芳心》是 1995 年又一票房成功的影片，并在一定程度上改变了印度电影的面貌。

不可否认，《勇夺芳心》有着巨大影响。然而，多次成功塑造各种角色的阿米尔，再一次被评审团忽略，这的确有些不公平。阿米尔本人并不信任这种评奖制度。《亚洲时报》的记者就询问阿米尔："是否为再次错失印度电影观众奖最佳男主角而郁闷？"阿米尔说："一点也不，因为这个奖项对我来说没什么特殊意义。印度电影界有很多奖项：银屏奖、印度电影观众奖等。但是，作为演员的我并不看重这些奖项，我真正看重的是观众是否喜欢我的《艳光四射》，金杯银杯，不如口碑。"

我认为，本片最吸引人的地方，在于它的自然之美。它是一部纯粹的印度电影，我并没有想让它成为冲击好莱坞的大片。

——导演达梅什·达山在《印度拉贾》拍摄记录中说，1996 年

这是一部让你置身于童话世界的电影——人物也像是童话人物。同时，我也是第一次扮演这么情绪化的角色。

——阿米尔接受《印度快报》采访，1998 年

导演达梅什·达山给印度观众讲述了一个简单的故事，也是印地语电影中最常见的题材：穷小子爱上富家女。同时，他也尝试将童话故事融入现实成分，这一点展现于影片《印度拉贾》中，穷出租车司机拉贾（阿米尔·汗饰演）爱上了富家千金（卡瑞诗玛·卡普尔饰演）。但是，以往这类故事在男女主角终成眷属之后就结束了，而这部电影在他们结婚之后，才真正开始，展示了王子公主婚后的真正生活。在展示现实时，也适当加入了搞笑情节，而这些都是印度电影的特点。

达梅什导演从某些好莱坞经典影片中获得了灵感。电影中，男女主角相遇在仙境巴伦克，就是受到了《音乐之声》的启发。当然，影片主要还是受到了印度经典电影的影响，比如，使用狄里普·库马尔的经典影片《爱人》（1974）

的插曲旋律。纳迪姆·沙万团队为本片作曲，他们曾经制作的《天堂》让观众久久不能忘怀。

阿米尔要从《艳光四射》中的小混混，变成《印度拉贾》中天真、固执，甚至有点沙文主义的出租车司机兼导游。影片一方面有拉贾无知的炫耀，一方面有卡瑞诗玛的教养和温婉。阿米尔的角色更容易让观众产生共鸣，卡瑞诗玛则更像是可望而不可即的女神。阿米尔在1998年接受《印度时报》采访时说："扮演一个像拉贾这样情绪化的角色，是我从未想过的。相对来说，《艳光四射》里穆纳的情感更加细腻，虽然他疯狂地爱着心上人，却没有勇气表白。拉贾是个血气方刚的小伙子，来自小地方，虽然目光短浅，但有他的骄傲。在他热情的目光背后，我们依然不难看出其世界观的狭隘。达梅什打算让我突破极限，扮演这样一个角色，在尝试过程中，我学到了很多。"

《印度拉贾》也为阿米尔提供了与库纳尔·赫姆合作的机会——两人是发小，曾在《情牵一线》中有过一次合作。

导演达梅什·达山为电影营造了一种和谐友好的氛围。在《印度拉贾》拍摄的纪录片中，阿米尔说："这部电影的拍摄过程非常愉快，是我从影以来最难忘的一次，大家有很多难忘的瞬间。"除了欢笑，还需要有话题为电影的成功铺路，这就不得不提"阿米尔片场醉酒"事件了。《印度拉贾》中有一场戏：拉贾醉酒，大闹妻子生日派对。阿米尔是个非常较真的人，为了演出真实感，真的喝醉了来演这场。后来，阿米尔说："我不是为了创造话题才喝醉的，只是我缺少醉酒这方面的经验，所以不得已而为之。我之前一直找不到感觉，醉酒戏太难把握，很容易用力过猛。和很多演员不同，有些戏码我的确不会演，恰巧这出戏又强调逼真，所以我只能借助喝酒来帮忙完成。"最终，这成了阿米尔在影片中最喜欢的一幕。

还有一件事被整个剧组津津乐道——阿米尔和帕拉姆德·穆图肢体冲突的

那场戏中，阿米尔掐住他的脖子，但是，他力气用得太大了，导致帕拉姆德·穆图真的晕过去了几秒钟，如果晕厥的时间再长点，事态可能就严重了。阿米尔在回忆当时的情况时说：“我完全入戏了，没有一点意识，完全被角色带走了，那一幕中，拉贾真的像疯了一样要掐死他。”

阿米尔和导演达梅什的关系也是本片的一大亮点。阿米尔拍摄《印度拉贾》时就说：“能够和达梅什合作我非常荣幸。我认为他是业内最有天赋的导演之一，他很勤奋，也很有才华。从导演电影到音乐安排，从演员表演到激发情绪，他都有自己独到的见解。”也就是在拍摄这部电影期间，阿米尔请求达梅什导演《复仇的火焰》，希望为弟弟费萨尔的演艺事业铺路。

《印度拉贾》的拍摄和制作时间持续了两年，因此，全社会对其怀有极大的期待，对阿米尔更是如此，因为这是他 1996 年上映的唯一一部作品。上映首月，本片就一直独占各大院线，短时间内成了年度最佳影片。

虽然，有影评人不满于影片中的性别歧视[1]，但是，在 90 年代的印地语影坛中，《印度拉贾》能以纯娱乐方式探索一个重要命题，这一价值是不能否认的。主人公叫“印度拉贾”，这说明他不属于任何宗教或组织，只是一个印度人而已。他可以是任何敢于为了自己心爱的女神挑战上层阶级的人。

有一个经典片段：拉贾和卡瑞诗玛发现彼此的爱意，情不自禁地热吻。那一幕其实非常有挑战性，拍摄时气温接近零摄氏度，而且在下雨。好在这一勇敢表达爱意的桥段收获了巨大成功。爱情虽然是大部分印地语电影的主题，但在银幕上直接表现亲吻的却很少。在以往的电影中，如果主人公要接吻了，一般都会出现两朵花聚在一起挡住。

种种元素造就了《印度拉贾》，使之成为 90 年代影坛的常青之作，也助力其获得了各种电影奖项。《印度拉贾》包揽了印度电影观众奖最佳男主角、

① 译者注：指男主角的大男子主义。

最佳女主角、最佳影片、最佳音乐监制、最佳男歌手五大重要奖项，同时还获得了银屏奖最佳男主角、最佳导演、最佳影片、最佳戏剧人物四大奖项。在多次与影帝擦肩而过后，阿米尔终于获得了印度电影观众奖和银屏奖的最佳男主角，一举成为双料影帝。

然而，阿米尔对奖项已然丧失了兴趣，一项也没有接受。对此，他于1998年接受《印度快报》采访时曾说道："这些奖项有太多不确定因素，而且，我不认为那些影视杂志机构有足够的资格来评奖。"自此，阿米尔不再参加任何印度电影颁奖典礼。

如果说《胜者为王》和《情牵一线》是阿米尔最具开创性的作品，那么《印度拉贾》则是90年代将他带往事业顶峰的作品。在《讲心不讲金》上映后，阿米尔的电影再一次登上了年度最高票房的宝座。在《艳光四射》之后，《印度拉贾》让他成了男演员中的票房保障。

阿米尔的道路和其他演员不同，但是，他也终于深得人心了。

《古拉姆》是我从业以来最好的作品。

——阿米尔接受《印度时代》采访，1998 年

冰冷的铁轨伸向无尽的黑夜，远处，一列火车急速驶来。一位年轻的演员站在铁轨之间，突然迎面飞奔过去，和飞驰的火车面对着面。摄像机跟随着他转动角度，近了，更近了。火车的速度是每小时 40 迈，就差一点了……差一点就来不及了……他跳出来了！平安无事，火车再一次驶向无尽的黑夜。

阿米尔亲自在片场完成了这部戏中“跑火车”的拍摄。他在 1998 年接受《今日印度》的采访时说：“现在想想，我当时真蠢，但是，有时候就是这愚蠢的一闪念让你拍出满意的一幕。”

《古拉姆》受到 1954 年好莱坞经典电影《码头风云》[①]的影响。本片原计划由马赫什・巴特出任导演，但由于他无法把精力集中在一部电影上面，最终由维克拉姆・哈特导演。四年前，他曾经导演过由阿米尔的弟弟费萨尔主演的一部非常失败的影片，但阿米尔还是决定和他合作拍摄《古拉姆》。

维克拉姆选择让阿米尔出演，其实是赌了一把。在接受 1997 年《印度电影观众》的采访时，他说：“阿米尔是当代最优秀的演员，他有很大潜力。但是，

① 译者注：由马龙・白兰度主演，包揽了包括最佳影片、最佳导演、最佳男主角在内的八项奥斯卡大奖。

他的主要定位已然是爱情剧，就像《激情代价》一样，适合饰演感性化的角色。阿米尔看着不像动作型男星。如果他在剧中拍武打戏，比如腾空一脚，观众就会觉得有些别扭。但是，我还是把《古拉姆》里面偏重动作的男主角给了他，这和他以往塑造过的角色完全不同。”

从某种意义来讲，《古拉姆》涉及的内容和《艳光四射》相似，但是立意更高。和《艳光四射》一样，在《古拉姆》中阿米尔再次塑造了一个聪明的小混混。这一次，他不再是普通的小人物，而是深入孟买底层黑社会的一员。从装束上来看，他更像一个打手：皮衣、露指手套。在1998年一次《印度快报》的采访中，阿米尔分析了两个人物之间的不同：“当我签下这部电影的时候，就知道也许有人会认为我是在重复自己。但是，我认为穆纳和希达德之间没有多少相似之处，虽然他们俩都是底层的小流氓。”

《古拉姆》讲述拳击手希达德在不知不觉中和自己的哥哥杰（拉吉特·卡普尔饰演）堕落进孟买的黑帮组织，凭借智慧和努力，杰混成了黑帮老大罗尼（沙拉蒂·瑟斯纳饰演）的左膀右臂。主人公希达德面对的最大冲突就是要在哥哥和爱人（拉妮·玛克赫吉[①]饰演）之间做出选择。

与《艳光四射》不同的是，这一次，除了依靠孟买俚语和脏话增加痞气以外，阿米尔还要给角色带去黑帮的匪气。在他与查理（迪帕克·提久里饰演）那支皮衣摩托车队交手的场景中，他向查理叫板：“单挑？还是群殴？”一个匪气十足的希达德就跃然于银幕之上了。阿米尔因为理解了这个人物，才能如此贴切地诠释他。

说到演员，不得不提当时还是新人的拉妮·玛克赫吉。她接受拉妲·库布查达尼的采访时提到自己的表现：“我当时很害羞，我从没交过男朋友，就要和传说中的阿米尔一起演浪漫戏，自然很放不开。阿米尔托着我的下巴，很平

① 译者注：此人还与阿米尔合作过《抗暴英雄》《觅迹寻踪》。

静、很自然地说：‘看着我。’慢慢地，我就放松下来了。能够在早年和阿米尔合作，我实在是太幸运了，他在很多方面都可以做我的老师。”

很明显，阿米尔认为，一个真正的艺术家不应该只关心自己的专业，一部好的电影，需要整个团队群策群力。所以，除了表演，阿米尔也关注影片的其他层面。他参与了这部戏十六幕的剧情设置，为电影筹备长达两年，还特意练出了拳击手身材。他听从导演的要求，在早上五点进行拍摄，因为导演说这是他声音最好的时候。为了拍电影的高潮部分，他坚持八天没有洗脸，以保持被打之后的“伤势”没有变化。他完全把自己奉献给了《古拉姆》。在影片即将上映时，阿米尔再一次确认，这就是自己从业以来最好的作品。[①]

这个角色之所以和阿米尔契合，还有另一个原因，就是导演要求阿米尔亲自献声，演唱主题曲《共游肯达拉》。[②]阿米尔告诉《印度快报》：“由于这首歌反映的是主人公的情绪，所以维克拉姆想让我唱。开始我很犹豫，因为每次只要我唱歌，家人就苦不堪言，逼我闭嘴。”

尽管如此，阿米尔以一丝不苟的工作态度准备了两周之后，进入了录音棚。

《古拉姆》一上映就非常成功。虽然这是一部快节奏的动作剧，还带有传统黑帮电影的影子，但这也是维克拉姆·哈特最好的作品，就像大多数八九十年代的电影一样，影片包装简陋，但是，演员的表演非常出彩。

那首《共游肯达拉》风靡全国，就连拉妮也被称为“肯达拉女孩”。[③]影片与拉妮的另一部作品《怦然心动》（1998）同年上映，两部作品的成功，使拉妮一举成名，跻身一线偶像女神之列。

---

① 译者注：阿米尔语录——“我想保证我的每一部电影都可以作为收山之作”。

② 译者注：这是阿米尔首次在银幕上献声。

③ 译者注：这首歌是阿米尔和一位女歌手一起演唱的，拉妮只是对口型表演。

《古拉姆》和《忠肝义胆》都是阿米尔早期的动作电影，凭借《古拉姆》的成功，阿米尔证明了自己有能力出演动作戏，那个穿着皮衣、匪气十足的打手形象深入人心。相对来说，《冷暖人间》中那个奶油小生的形象，开始慢慢淡出历史舞台，在阿米尔接下来的十年里，这样的角色很少见了。

每一部作品都对我颇有裨益，不论我在其中表现如何。可以说，每一部作品教给我的东西，都能让我在下一部电影里表现得更好。

——阿米尔接受《印度》杂志采访，2001 年

尽管 20 世纪 90 年代阿米尔有很多红极一时的作品，但这些作品的影响并不深远。当时的阿米尔，很容易被一部电影的成败所影响。

当时，有一部电影在筹拍之初就吸引了观众的目光，这就是《传统》（1993）。在当时看来，阿米尔选择出演这部电影是正确的。本片导演雅什·乔普拉，也曾导演过多部经典作品：《与时间赛跑》（1965）、《墙》（1975）、《有时有时》（1976）、《三叉戟》（1978）、《希尔希拉》（1981）和《一生与瞬间》（1991）。很可惜，《传统》却票房惨败。

尽管很多人都盯着《传统》的失败，阿米尔却在《印度》杂志中表示："有人说，作为导演，雅什·乔普拉未能赋予这部影片生命。但是，对我而言，这部电影教给我很多。能够和这样一位德高望重的导演一起工作，也是非常难得的经历。"尽管两人因为《恐惧》有过分歧[①]，《传统》的票房也不佳，但阿

① 译者注：雅什·乔普拉导演想让阿米尔出演这部电影，但是，当时剧本还没准备好。凭借雅什·乔普拉导演的威望，哪怕没有剧本，一般人也会欣然接受。然而，阿米尔没有看到剧本就决定不出演。两人因此失去了这次合作的机会。此片最终由沙鲁克·汗主演。

米尔从未看轻这部作品。

当时阿素托史·哥瓦力克已经成了导演[1]，他和阿米尔合作了《忠肝义胆》（1994），阿米尔扮演一名突击警长，这是他的第一部纯动作片。

为了这部电影，阿米尔做了很多努力，最著名的就是他首次尝试反串表演。很可惜，这部影片也未能获得成功。阿米尔认为本片失败的原因比以往更加复杂，他在1998年接受《亚洲时报》采访时说："《忠肝义胆》和《孟买之恋》（1995）几乎是同时上映的，后者是近十年来最成功的电影之一。遭遇强大的对手，导致《忠肝义胆》没有得到应有的关注，这一点上，制片方负有一定责任。"但是，他依然觉得自己在片中表现得不错。1996年，他在《印度电影杂志》中表示："我觉得《忠肝义胆》并不差，尽管我并未表现出最高水平。现在再看这部电影，我也依然觉得我把阿马尔·达吉塑造得不错。"《忠肝义胆》是阿米尔第一次出演阿素托史导演的电影。

就在各大导演争相为阿米尔提供影片邀约时，阿米尔和堂兄曼苏尔·汗有了第三次合作——《激情代价》（1995），这是阿米尔从浪漫爱情剧转向社会情感剧的一大力作。在扮演了多年的大男孩后，阿米尔终于扮演了一次年轻父亲。

上映时，《激情代价》作为一部情感细腻真挚的作品，在艺术方面得到了广泛好评。很可惜，本片在票房上未能延续两人以往合作作品的成功。在1997年《印度时报》的采访中，阿米尔说："《激情代价》之后，我遇到了很多喜欢这部电影的人，他们也不是所谓的'高层次观众'，都是一些普通人。比如来自本杰比的几位货车司机就告诉我，他们都喜欢这部电影。除此之外，作为演员的我也很喜欢《激情代价》，也许它不像《艳光四射》和《印度拉贾》那么好，但是，它绝对不是烂片，也是赚钱的电影。"

---

① 译者注：之前提到的阿米尔的网球球友，也是《胡里节》的男主角。

这一时期，阿米尔和英德拉·库马尔又合作了两次。《讲心不讲金》的巨大成功之后，两人又合作了《真爱无敌》（1997），这是典型的英德拉式娱乐电影，和《讲心不讲金》一样，本片由四位影星阿米尔·汗、玖熹·查瓦拉、阿杰·德乌干和卡卓尔强强联手。但是，《真爱无敌》的呈现效果和阿米尔的预期并不一致，这让他有些困惑。在一次接受电影记者拉吉夫·马萨德采访时他说："我对《真爱无敌》的拍摄不太满意。尽管很多场景都很搞笑，但是整体效果有些问题，我总觉得剧情不应该是这个走向。"不管怎么说，仍然有很多观众喜欢这部电影。

和《讲心不讲金》《印度拉贾》一样，《真爱无敌》是阿米尔90年代最成功的电影之一。接下来的几年中，《真爱无敌》的搞笑桥段和武打场景还不时被其他电影借鉴，可见其影响。

在《真爱无敌》之后，阿米尔和英德拉又有了第三次合作——《终成眷属》（1999），这次的角色有很大转变。阿米尔告诉《印度时报》的记者："我因为在尝试不同类型的角色，已经多年没有拍出浪漫的电影了，所以当英德拉给我这个剧本时，我很喜欢就接了。这个角色对我来说有些新鲜，他到处和人调情，不断更换恋爱目标。我之前从未演过这种大众情人式的角色。"

英德拉抛开他擅长的纯娱乐喜剧，骤然转拍深沉催泪的情感剧，而并没有太多观众买账，影片的票房也没有达到预期。但是，无论是阿米尔作为演员来说，还是英德拉作为导演来说，这都是非常重要的尝试。

在阿米尔的《印度拉贾》取得巨大轰动时，还有一部作品在酝酿中。1994年，阿米尔的父亲塔希尔·侯赛因试图用一部影片推阿米尔的弟弟费萨尔一把，但没有成功。后来，阿米尔做出第二次尝试，他在拍摄《印度拉贾》时，就邀请导演达梅什·达山执导《复仇的火焰》（2000），自己担任主演，并让费萨尔参演。

在《复仇的火焰》的票房大溃败后，费萨尔和达梅什几乎要终结影视生涯了，只有阿米尔能够在短时间内就从这次滑铁卢中东山再起。几年后，达梅什才凭借另一部影片再次进入大众视野。在回忆这件事时，他说："《复仇的火焰》完全是基于某些感情原因才拍摄的。因为《印度拉贾》，我的事业进入顶峰，却儿戏待之。虽然我凭借最新的影片再度回归，但对《复仇的火焰》的失败仍然心有余悸，它让我的事业几乎从头再来。这是我个人的失误，算是《印度拉贾》的成功带来的副作用吧。阿米尔想为自己的弟弟费萨尔拍部电影，我因为被阿米尔在《印度拉贾》中的表现所打动，就没法拒绝。但是很可惜，天不遂人愿。"

90年代中，阿米尔对另一部影片抱有最高期待值，就是最终未能问世的《时间机器》。这是一部科幻题材的影片，原计划由阿米尔和当时印度最有国际影响力的导演谢卡合作。在拍摄出现问题后，阿米尔甚至不惜换导演也要完成拍摄，但可惜最终也没有如愿，该片最终成了一部本可以有巨大市场潜力的流产项目。

从《胜者为王》到《激情代价》——电影界的另类作品

在《冷暖人间》取得巨大成功之后，曼苏尔·汗和阿米尔带着《胜者为王》和《激情代价》重返银幕。虽然两部作品在票房上不算非常成功，但是，两部影片情感细致、题材新颖，也算是另类电影的代表作了。以下是曼苏尔所接受的采访——

曼苏尔：

与阿米尔合作伊始，我刚好在写《胜者为王》的故事，而当时还没有《冷暖人间》。写这个故事时，我脑子里想的就是阿米尔的形象。我当时还没想成为电影人，所以想法也五花八门。我想：如果我要拍电影，一定要与众不同，绝不千篇一律。当时，我的父亲正在筹备《冷暖人间》。这样说其实有点陈词滥调，但是，对我来说，《胜者为王》让我发现了自己的影视天赋。

我想要阿米尔来呈现这部电影，因为我知道他适合出演这类人物。这一角色显然和阿米尔有些出入，所以他在表演时加入了自己的影子，这是剧本里没有的。因为剧本还没完成，我没有马上开始拍摄，但一直坚定的是，不管什么时候开机，都一定要让阿米尔来演。

随后，我父亲建议由我执导《冷暖人间》，因为剧本真的很棒，我就接下了，这才算是我和阿米尔的第二次合作。但是，《激情代价》可没有提前确定角色，拍摄前，我最先想到的是亚尼·卡普和玛杜丽·迪克西特，因为他们两人的组合看起来与这个故事更加贴合。我想要一对看起来像是有个 7 岁儿子的夫妻，而当时的阿米尔真的不像。

然而，阿米尔却说："我可以的，我会让你看到我能演。"但我坚持说："我不确定你是否能演。"

我去找亚尼和玛杜丽，很可惜没有谈成，这才轮到第二选择阿米尔，而且如果是阿米尔主演，那就要找马妮莎来配合。我很不情愿地去找阿米尔，他向我保证自己能演好这个角色。最终，他的坚持促成了这件事，但是他看起来太年轻了，这是我最大的担心。

之后，我们差一点就有了第四次合作——《双城风波》（2010）。阿米尔本来想演沙鲁克那个角色，但我觉得他不太适合，想让他演另一个角色，而阿米尔不同意，我就去和沙鲁克商量，沙鲁克也拒绝了，那次合作就没能达成。这部电影本应该是在《激情代价》之前拍的。最终，我还是去找了沙鲁克，由此可见，我对阿米尔可没有什么优先政策。

在我所有作品中，《胜者为王》和同时期上映的作品相比，是最复杂的。我们试着让每个角色分工明确，这样方便导演统筹。在此之前，拍电影都没有明确的拍摄计划书。我父亲是一个讲究逻辑的人，他喜欢什么事情都有条有理。但是，这个剧组由于剧本需求，参与的人员实在太多了。

在拍摄自行车比赛时，我们希望能打动观众，不想只是象征性地拍几个比赛的镜头，所以拍了整场比赛。其实，早年的电影，如果要表现一场羽毛球比赛，就只给每个选手10~15个镜头，让观众知道谁赢谁输就行了，不会详细呈现比赛结果。但是，如果拍摄运动题材影片，就应该着重拍主人公取得比赛胜利的过程。我希望观众能够把它当作一场真正的比赛来看。这种想法在当时不被广泛接受，大多数人都希望用几个镜头就敷衍了事。我却坚持认为，比赛作为一部电影的灵魂，应当以一种特殊的方式被完整地呈现出来。

我们需要赛道，需要专业的自行车运动员，需要很多授权，还需要演员进行统一训练。拍摄自行车比赛要求很严格，所有人的情绪基本都被前期准备工作的充分度牵动着，所以准备过程必须小心谨慎。我们安排了一个导演助理，专门负责和群众演员交流，还用上了对讲机。当时对讲机还不流行，几乎没有电影在拍摄过程中使用对讲机。我当时在哈姆·拉迪普工作过一段时间，所以得到了对讲机。有了这个，影片才能顺利拍摄。看似一切准备就绪后，我们又在高速公路上被警察拦住了，他们当然知道我们不是恐怖主义者，但就是想找麻烦。幸运的是，我带了业余广播记者工作通行证。没有人愿意以权谋私，怎奈若是不动用自己的渠道，就无法保证影片的正常拍摄。

我和阿米尔在拍摄中尝试了很多新生事物，比如“集体策划”。当然，有些奏效了，有些没有。不管怎么说，这都需要我们心往一处想。

提到《激情代价》，我觉得这是另一种形式的成功。也许当时的人们还不太习惯这种类型的电影，不过，我知道这部电影确实存在一些问题。

罗希特（阿米尔·汗饰演）和基兰（马妮莎饰演）都是有前途的青年歌手，我和阿米尔曾经讨论过，为什么基兰要离开罗希特，他们俩结婚前曾有着共同的人生理想，就是那句“让我们一起达成理想吧”促成了他们的结合。但是，婚后罗希特只顾推动自己的事业，包括去见顾班丹·库马尔（影片中音乐总监这一角色），虽然他的事业并不顺利。

我本来设计了这样一幕：罗希特回到家，想和朋友们录个歌，基兰很高兴，也想参加。这时罗希特转移了话题，让基兰去泡茶。她出去之后，罗希特的朋友问他：“我们又不久坐，为什么让你太太泡茶呢？”罗希特说：“我们要录出来好的效果，而她还没有达到那个水平。”这句话刚好让基兰听到了，她觉得罗希特没有直接告诉她，是在欺骗她。

我们需要“背叛”的戏份。但是，阿米尔认为这一幕没有必要，我不知道他现在怎么想，也不知道他还记不记得这一幕。我还想再问他一次：“为什么认为这一幕没有必要？”在我看来，这事实上就是两个人矛盾的症结所在。并不是说罗希特是坏人，这只是他看问题的角度而已，他比较自我地认为这是对自己好，而作为一家之主，对他自己好，自然也就是对他们两个人好。但是，这在妻子看来就是“背叛”。这很重要，我希望让观众有这方面的认识。

当时有很多人问：为什么一个“印度妻子”可以就这样离开自己的丈夫？首先，我们没有特意强调什么“印度妻子”，她就是一个单纯地想追求自己理想的女人。但是，很多人就跳不出局限，他们不明白，为什么一切都那么突然，甚至有些异想天开。但是，如果像我说的，能够安排一些“背叛”的戏份，这就好理解了。我认为，这是本片唯一的瑕疵。尽管如此，影片在当时已经很不错了。在孟买和美国，观众的反响很好。孟买的观众以女性为主，因为她们理解女性那种心理。对于女人来说，也许有上百条想离开自己丈夫的理由，所以，她们认为一切顺其自然，理所应当，对她们来说不难理解。但是，男性观众就想不通了，还有人问过我这样愚蠢的问题："你这是在鼓励妻子离开她们的丈夫吗？"我说："不是啊，怎么能算是鼓励呢？"

当然，这不是普遍现象。

说到阿米尔，作为我这三部戏的演员，他非常专注，也非常清楚地知道在银幕上需要达到的是什么效果。我们之间只有在分析人物形象时才会出现一些分歧。他一直都很有主见，不会迷失自我，他经常会提醒我：哪些地方有问题，问题的症结是什么。这是非常可贵的。

在《冷暖人间》中，他参与得不多，我也忙于自己的事。在《胜者为王》中，他就更多地参与进来了。这很有必要，因为那部电影的拍摄并不容易。有的导演和演员，经常抱着一种"我的地盘我做主"的想法，我不赞同，我觉得哪怕只有两个人在，也需要协作。在《胜者为王》中，他就承担了很多，如果没有他，我们呈现出来的作品绝不是现在大家看到的这样。当时决定要重拍的时候，他就鼓励我："没关系，没有他们我们也行。"在60天的拍摄之后，那几个一直在折磨我们的演员都被换掉了。问题并不在于换人，而在于如果换掉他们，那么一切就要重新来过，还要再辛苦上60天。事实上，我们之所以下定决心重拍，主要是因为阿米尔的自信。我当时完全没了主意，甚至已经准备放弃，打算把这个构思完全舍弃。但是，他一直劝我："别担心。"

我们去往乌蒂，和马哈拉施特拉邦自行车联盟成员一起在山上拍摄自行车赛。这与我们之前在班加罗尔拍的完全不同。我本来不打算重拍这样的重头戏的，但阿米尔很坚决，他对必须做的工作非常明确，非常坚定。一部电影的主演若是能像他这样全身心参与影片制作，对影片的影响自然非比寻常。

他从来不只是演员，而是一个全能的电影人，他唯一没有涉猎的方面就是剧本写作。[①]当然，我确信这也难不住他，他做每一件事都是由心而发的。噢，

① 译者注：其实阿米尔是《情牵一线》的编剧之一。

除此之外，他还极度自律。

随着我们合作的深入，事情变得井井有条。在《激情代价》中，他介入的就更多了。这丰富了我们彼此的拍摄经验，也让我们更加了解彼此。事实上，我希望还能和阿米尔再合作一次。之所以这么说，是因为我又成长了很多，我们的交流会更加流畅、自然。如果说早年的时候，我们的合作还有一定的压力，那么现在可能就会大不一样了。当时，我有很多看起来疯狂的想法（这也是为什么制片方总要提前为我们提供拍摄条件），比如，如果我们要拍学校场景，那我真的会去找普通的孩子，而这些阿米尔也支持，他也不想只和童星演戏。

好期待我们再次合作啊，应该会大放异彩。

从《真爱无敌》到《终成眷属》——电影的对比

英德拉·库马尔和阿米尔合作的两部90年代的作品，是两个完全不同的方向。下面，这位导演会对比这两部电影和它们背后的制作历程——

英德拉·库马尔：

《真爱无敌》这部影片事实上可以从“友情”这个特殊的角度来欣赏。玖熹和卡卓尔、阿米尔和阿杰，甚至影片中作为反派的两位父亲，是三对发小。所以，也可以说这是一部讲友情的电影，也即年青一代和年老一代两大阵营之间的冲突。

影片以年轻人之间的友谊为主，展现了他们之间的交流方式，这就会出现“欢喜冤家，意外相爱”的桥段，比如阿米尔和玖熹。这与《讲心不讲金》的安排相似——水火不相容的死对头，机缘巧合地走到了一起。

《真爱无敌》是非常好的娱乐片，很多场景和设置都很巧妙，甚至还有某些场景一直被人模仿，比如走铁管的那场戏——阿米尔为了救阿杰，结果两个人一起吊在悬空的铁管上。这是非常标志性的一幕，后来经常被其他电影以各种各样的方式来模仿。

我想把走铁管这一幕的成功归功于我们的动作导演维卢·代弗甘先生，他为了保证这一幕的正常拍摄，付出了很多汗水，也冒了很大的险。

由于我们运用了非脸部特写，真正以身涉险的并不是演员自己，而是替身演员，他们才是真正的无名英雄。看着自己不熟悉的人在冒险，你真的会由衷地担心他的安全，这种感觉很微妙。总之，那个替身小伙子站在悬于八层楼高的铁管上，身上只有一根细绳连着，这非常需要胆量。

当然，阿米尔表现得也非常勇敢，但必须承认，如果没有替身演员的帮忙，我们绝不可能完成这一幕，更不会如此成功。此外，还有最难拍的一幕，也与阿米尔和阿杰有关。每次提到这一幕，大家都会笑出眼泪来。

阿米尔和阿杰坐在车的后座上，车子是由一只猴子驾驶的，那只猴子受过专业训练，后来却丢下车试图逃跑，若是它真的跑掉了，我们再去哪里找会开车的猴子呀？于是我们为了防止猴子跑掉，就把它的手系在方向盘上，再让阿米尔和阿杰坐在后座上。车实际上是由前面的一辆卡车拖行的，我就站在卡车的车厢上，没法和前面的司机说话，就让助手告诉他什么时候启动。当车速达到 40~50 迈的时候，我喊："开拍！"这时阿米尔和阿杰开始大喊："救命！救命！"这是剧情安排，坐在一辆猴子开的车上，自然要尖叫的。谁承想他们的尖叫惊到了"猴哥"，猴子以为这两个家伙要伤害自己，就挣脱了束缚，主动攻击他们去了！

我离他们大概只有 10 英尺，看得清清楚楚。我对助手大喊，让他告诉司机停车。当车停下来的时候，阿米尔和阿杰从车里跳出来跑了！想象一下，我站在卡车上，看着两个巨星，被一只猴子追得到处跑！

再说《终成眷属》，我认为这部电影更合我的心意。但是，它没有得到令人满意的观众反馈。当然我还是很高兴的，因为很多看过《终成眷属》的观众都告诉我这部电影很好。这也是我和阿米尔最后一次合作。有时候就是这样，当你们的合作被认可，就继续；如果不被认可，那就分道扬镳。

当然，我们现在还是非常好的朋友，我也一直为有他这样的朋友而骄傲。

写《七色彩虹》①时，我带着电影构思去找阿米尔，问他有没有什么不妥的地方。听完剧本，他说很喜欢这部电影，还说影片肯定会火。事实也正是如此。

回头再看我俩的合作：《讲心不讲金》《真爱无敌》和《终成眷属》。我觉得《终成眷属》没有取得预期成功的主要责任在我，毕竟我是导演。事情本来就应该是这样，不管电影好坏，都是导演在主导，因为电影是他的孩子，他才是决定这个孩子是什么样的关键。

大家都希望我和阿米尔能在《真爱无敌》之后再来一部搞笑喜剧，结果我们却献上了一颗巨大的催泪弹，这当然让大家失望。另一个问题是，我们在宣传的过程中并没有强调这是一部严肃的电影，我们依然以“阿米尔·汗－英德拉·库马尔”这一组合进行宣传，就好像该片与《讲心不讲金》和《真爱无敌》是一个类型的。不过，我在这里说一句心里话：我认为，除了《未知死亡》，阿米尔目前最好的表现就在《终成眷属》。

有关《终成眷属》，我还想重申一点：阿米尔和我都打算拍一部不一样的作品，我们也为此努力了。但是，我在当时确实还不算完全准备好，应该再为拍摄严肃电影多做点准备工作，同时，还要摸清观众的意愿。就像家长带着孩子兴致勃勃地准备坐过山车，结果却坐了摩天轮，怎么能不觉得无聊呢？其实，摩天轮的平稳运行也有它的妙处，这一点观众们后来才发现并开始爱上它。再

① 译者注：英德拉·库马尔 2007 年的作品。

比如，你去吃中国菜，人家却给你端上了印度薄饼，不管他们做得多好吃，你也不会喜欢，因为这根本不是你想要的。《终成眷属》就是属于这种情况。

作为导演，完全依托情感去拍片，是需要很大勇气的，尤其是以拍摄喜剧而出名的导演。也许我现在拍这种题材的话，收效会更好，但是当时我确实已经超水平发挥了。

《印度拉贾》和票房奇迹背后的故事

说到 1996 年，就不得不提当年的领跑作品——《印度拉贾》。下面就让我们看看本片导演达梅什·达山，怎样为我们骄傲地讲述这部真正使阿米尔成为巨星的电影[①]——

达梅什·达山：

《印度拉贾》在拍摄之始，就是朝着票房奇迹的目标努力的。影片没有什么要改变世界的豪言壮语，尽管它横扫了当年所有的印度电影观众奖和银屏奖。这是我在与萨尼·多尔、纳萨鲁丁·沙和玖熹·查瓦拉合作高票房影片《天生之音》之后的第二部作品。我认为票房就是决定影片成功与否的关键，《印度拉贾》的定位是娱乐片，我没有打算用巨星撑场面，尽管有阿米尔·汗，他也确实是明星，但是，在这部电影之前，他还没有达到事业的顶峰，何况还拍了一系列不成功的作品，例如《传统》《忠肝义胆》《激情代价》。卡瑞诗玛·卡普尔当时也算热门女星，而在《印度拉贾》之后，她才真正成

① 译者注：这是一位处世观、价值观与阿米尔截然不同的导演。他以自我为中心的叙述方式让人不适，而且逻辑混乱。译者尽可能补救。

了顶尖女星。

本片上映于1996年11月10日，也可能是11日，在我看来，这是当年娱乐界的头等大事。有人认为富家千金爱上出租车司机这样的搭配有点牵强附会，但我认为这些都不是问题。我在传达一种观念：爱情可以穿越任何界限。正是这一点触动了整个印度的软肋，印度人天生情感丰富，所以我认为他们能够接受这样一个故事——富家千金和出租车司机相爱了，并最终过上了自己的生活。尽管如此，我们在影片中展现了两人之间存在的问题，没有将他们塑造成为传统的梦幻组合。对于印度这样存在种种不公平的国家来说，本片可以算得上一个有真实色彩的梦，也就是说，我的《印度拉贾》是把梦想卖给了观众。

我还觉得，影片表现了对于幸福的向往，这点也感染了观众，让他们在会心微笑的同时，又有一点点感动得想哭。打动观众和娱乐观众，其实可以同步进行，这就是拉贾和阿迪提的故事。

《印度拉贾》的力量在于它的“平常而不平凡”，想要平凡很容易，但是要在不平凡的前提下做到平常就很难了，这也是我让所有人惊奇的地方。除此之外，影片的音乐和气氛也极力避免花哨俗气。至今，这部电影还通过卫星电视在持续播放着。

当时A.R.拉曼刚刚推出了一首很像《天堂》风格的电影插曲，有点类似传统民谣。《印度拉贾》虽然和大男子主义有点关系，但即使是城市男性，也有大男子主义，不仅仅是拉贾这样的农村小伙子才有。

我以娱乐为目的，制作出了一部商业上的成功之作。我所说的“商业成功”是指观看过影片的人很多。印地语电影的观众其实是最难满足的，因为他们实在太多样化了——从班加罗尔到瓦拉纳西，从时尚的孟买到巴纳特，再从伦敦到鲁里亚纳，从纽约到金奈，必然众口难调。此外，人们来自不同的种族，说不同的语言，经济水平也天差地别，就好像看马戏的观众一样。

然而，印地语电影又不能像马戏一样，为了迎合不同观众东拼西凑，加入完全不相关的内容。它必须是一部言之有物的电影。要克服一切困难达到这一目的，就需要非常专业的知识，还要讲述一个动人心弦的故事。《印度拉贾》就是这样一部影片。当然，我做梦也没想到这部电影会成为印度电影十五强作品，和《怒焰骄阳》（1975）、《莫卧儿大帝》（1960）、《印度母亲》（1957）、《勇夺芳心》（1995）和《君心复何似》（1994）几部电影齐名，这绝对是天大的惊喜。

由纳迪姆·沙万制作的音乐也颇受欢迎，在那个被各种电影插曲充斥的时期，能够推出一首脍炙人口的音乐已属不易，而在一部电影里，能有六七首插曲红遍全国，这几乎是不可能发生的奇迹。

在此之前，几乎所有的票房大作都要有拉妲·曼戈什卡[①]唱歌，没有她献唱的电影，票房都不会成功[②]，直到《印度拉贾》出现。《印度拉贾》是第一部打破了这一规律的浪漫电影，里面所有歌曲都是由奥卡·亚戈尼克[③]演唱的。这种小的改变，带来很大的不同。

有关阿米尔的表现，我也是下了功夫的。在《印度拉贾》之前，他一直以扮演城市角色而被孟买、班加罗尔、金奈等城市观众接受，但是，他的电影却没法普及北部地区，他的表演细腻、温和，却不是那些人喜欢的传统形象。尽管如此，我还是选择他来主演拉贾，这使他成为真正的巨星，能够在舞台中央和沙鲁克·汗、萨尔曼·汗抗衡。虽然此前，他已经是从孟买到克什米尔家喻户晓的明星，但是，是《印度拉贾》将他真正带入“巨星联盟”的。

① 译者注：印度著名电影歌曲女歌唱家，1929年出生，至今还会给某些电影献声。

② 译者注：这是非常片面，不准确的说法。

③ 译者注：曾演唱过阿米尔影片《冷暖人间》《情牵一线》《激情代价》《印度拉贾》《真爱无敌》《古拉姆》《终成眷属》《义无反顾》《复仇的火焰》《印度往事》《心归何处》等。

再说卡瑞诗玛·卡普尔在戏中的形象，我们请了玛尼诗·玛鲁塔[①]为她设计造型，还第一次让她尝试了美瞳。这并不是要塑造她妄自尊大的形象，而是必须让她看着像一位“大家小姐”，能够让阿米尔这样聪明机灵的小伙子一见倾心。事实上，这个角色最初的选择是艾西瓦娅，但是很可惜因为某些原因没能如愿。总之，卡瑞诗玛看起来必须高高在上，才能成为印度男人心中的女神。这个女孩儿高贵、温婉、善解人意，言谈举止保留了印度味道，但一点也不粗鲁。这就是印度男人心中最理想的伴侣。

我认为，是这部电影让阿米尔·汗成为真正的明星，也让卡瑞诗玛成了真正的女演员。从这一角度来看，这是电影界划时代的作品，是收获一般票房的电影所没有的。那些电影只是单纯以娱乐为目的，没有想改变观众的面貌和人生。

我们还创造了巴伦克这个地方——就是男女主角相遇的梦幻天堂。为此，我们也做了很多工作，我们去看了班加罗尔、迈索尔、哥印拜陀、马哈拉施特拉邦、乌蒂和宝莱坞的影视基地。巴伦克是这些地方的合体，是个虚构的地方，连名字也是通过巴伦布尔和兰尼克这两个地方拼接出来的。我希望巴伦克集合这两个地方的美。

《印度拉贾》是一部非常浪漫的电影，有很多精彩的瞬间，这些瞬间可不好拍，经常会出现一些问题。不过，我对《印度拉贾》有信心，一直相信它行得通。我就喜欢这种能够穿透人心的电影。

你能想象用两年半的时间孕育一个孩子吗？这部电影没有戏剧化的起承转合，一直保持真诚、连贯、时尚的特质，才有了那些经典瞬间，包括那一幕吻戏。

这是印地语电影史上镜头最长的吻戏之一。当我们把这部分胶片给后期剪辑工作人员时，他们一刀都不舍得剪，因为他们实在太喜欢这种纯美的感觉了，所

① 译者注：印度著名时尚专家。

以我们就不得不自己动手减掉了30%。这种纯美的感觉也被全国观众广泛认同。在以往的国内影院中，电影只要播到吻戏，就会有人学猫叫，或者吹口哨起哄。但是，《印度拉贾》从来没有这种情况，人们都被这个姑娘爱的勇气所打动。对于家庭电影来说，这种表现比较直白，也比较冒险，但我们还是坚持用特写镜头，最终也没有遭到诟病。背景音乐非常柔和，希望让观众永远沉醉在纯美意境中。

拍摄这一幕时，是二月初，当时乌蒂是非常寒冷的。我在帕曼特的那棵树下拍摄，这棵树也可以在我早期的影片里看到。我们期待着雨停之后，树叶在彩虹的映照下闪闪发亮，远处的青山格外空明。所以，我们安排了人工雨和风暴给这一幕增强效果。单单拍摄这一幕，就用了两三天。其实，我们拍摄的不单单是一场吻戏，更是完整的一幕故事——他们一起跑到树下聊天，慢慢地发现对彼此的爱意、接吻，最后她跑开——这是非常完整的一幕戏。创造暴风雨的背景就需要两三天，而演员们都是在接近零摄氏度的气温下拍摄的。

这一幕完全是按照浪漫梦幻的感觉在拍摄，不能出现傻笑，必须要非常纯粹的表演。

在拍摄这幕时，每次要转场的时候，演员们都往自己身上不停地浇凉水，因为如果先让身体暖和过来，再去拍淋雨的戏，就很容易感冒。我也希望神保佑他们别感冒。他们在片场享有喝白兰地保暖的特权。当然，最终结果证明，一切付出都是值得的。

最终剪辑的结果里有个有趣的现象——他们接吻的镜头会让你觉得非常温柔、唯美。而当女主角离开，你再回想起来的时候，那个吻却是充满激情的。

这就是我打算在印地语电影银幕上展现的让人难以忘怀的一幕，是让人一旦想到就会热血沸腾的场景。将这类有趣的小事搬上银幕也是观众认可的原因之一。

我很庆幸演员们都很合作，他们也意识到这不是一个简单为调剂电影气氛而设的“公园之吻”，而是这部戏的一个转折点，好比《印度之行》（1984）中在山洞里发生的那一幕。我虽然不敢和福斯特[①]相媲美，但在拍摄的时候，我的头脑中闪过了这一幕，就把这一元素加了进去。

我当时还是印地语电影的初学者，所以这部戏对我的影响很大。我是在电影的环境中长大的，我的父亲是一位电影发行商。我看了很多年拉吉·卡普[②]、V. 森达拉姆、比马尔·罗伊、拉梅什·西皮等影星的作品，这对我拍摄《印度拉贾》都很有帮助。但是，直接模仿经典是行不通的。“做”永远比“说”要难，你必须先抓到那些经典的精髓，然后再用自己的方式呈现出来。

除了以上我提到的影片，《印度之行》也对我有很大影响。此外，观众们还在我的电影中看到了另一部经典电影《绽放》（1965）的影子。

《绽放》是一部很不错的电影，但我认为它和我的电影还是有区别的，因为那部电影里的女主角被南达女士演绎得非常不同，那是一个被宠坏了的娇小姐。而《绽放》结束的地方，刚好是《印度拉贾》第二部分故事的开始——讲述他们两人的婚后生活。爱上一个和你不同阶层的人，也许是甜蜜的，但和他一同生活就没那么容易了。

除去后期制作不谈，仅就拍摄而言，《印度拉贾》也是非常困难的。所有戏份里面，最困难最混乱的，莫过于阿米尔背着孩子在树林里躲避追杀的情节了。

拍摄印度电影非常耗时，有时你不得不调整演员的拍摄计划表。如果你的计划有漏洞，就可能要多等六个月，这就意味着你可能要在一年之后回到乌蒂，拍摄看起来很愚蠢的一幕。

但是，我宁愿记住好的瞬间。这部戏带来了巨大成功，创造了很多巅峰，

① 译者注：《印度之行》一书的作者。

② 译者注：拉吉·卡普（1924—1988），印度著名男演员，是经典电影《流浪者》的男主角。

我们的团队异常强大，有纳瓦尼特·尼沙、强尼·里弗、库纳尔·赫姆和维鲁·卡瑞什纳。虽然工作很辛苦，但我们都很开心，偶尔还会抽时间来个野餐。

我试着去找寻《音乐之声》的感觉，希望有那种快乐的氛围，所以我们每天六点集合开拍，尽量所有人在一起吃早餐和午餐。这部电影看起来非常温暖，因为有很多戏都是在户外拍摄的。转场的时候，我会让所有演员都坐同一辆车——现在再也做不到这样了，如今每个演员都有自己的专车和助理——就是拉贾开的那辆破车，所有人都挤在一起，如果没有位子了，就让他们坐到车顶的行李架上。这非常有爱，我一直鼓励演员之间要和睦相处，这样才能把人物之间的感情淋漓尽致地展现在影片中。

对于阿米尔来说，这部电影也是他事业上的一个高潮。他非常聪明，经常会提出疑问。和他合作，还能保持独立思考不是易事，你经常会被他的思路带着走。此外，《印度拉贾》也不是典型的阿米尔·汗电影，相比他的其他作品，《印度拉贾》要更商业化一点。此后，他也开始涉足商业片。他之前的电影都比较小众化，没有满足不同的观影人群。我们能说服他参演是因为我们坚信影片会成功。

当然，能和阿米尔合作，我还是很幸运的。阿米尔不像那些一心想拍外国大片的演员，他深受其伯父纳西尔·侯赛因的影响，后者是六七十年代最有影响的电影人之一，相信印度电影有其独有的乐趣，从电影的制作角度来看，他的《大篷车》和《音乐之声》一样，将音乐和电影完美地结合在了一起。他完全触动了观众，改变了社会。

《印度拉贾》能够创造票房奇迹的基础是什么呢？我认为是电影在制造浪漫的同时，拒绝了低级的幽默。而以往印度传统浪漫影片中，经常滥用低俗幽默。《印度拉贾》也不仅仅是一部唯美电影，因为唯美电影是达不到它的高度的。这里有戏剧性的冲突，却没有耸人听闻的夸张情节。针对吻戏这样比较冒险的尝试，男女主人公不是蜻蜓点水般地在脸上啄一下，然后用两朵花挡住。当我们创新地在影片中如此表现之后，大家也就可以自由地在荧屏上展示吻戏了。同时，这也是一部老少咸宜的影片。我认为，这就是本片的成功基础。剧本上是参考了《音乐之声》和《印度之行》，并且有拉吉·卡普对于角色精彩的诠释作为演员的范例。

我认为，自从1988年拉吉·卡普过世之后，人们又开始向往“穷小子恋上富家女”电影了。所以，本片有一定的观众基础。

不论狄里普·库马尔、阿米塔布·巴强，还是沙鲁克·汗，他们主演的大部分角色都有一个共性——一个心怀梦想的男人。拉吉·卡普也是如此。

我当然不是愚蠢地自诩为拉吉·卡普一样的人物，他非常杰出，而只有我的《印度拉贾》可以和他的作品相媲美。这些年来所有创造票房奇迹的电影都是拉吉·卡普模式的——《君心复何似》《勇夺芳心》和《印度拉贾》都是如此。《君心复何似》有家庭基础，《印度拉贾》有浪漫基础，《勇夺芳心》反映了《合流》（1964）式的空想主义。由此可见，高票房电影都有一些共同点，电影人从始至终的自信、戏剧化的冲突、强者和弱者角色的对比、优质的音乐和跌宕起伏的情节。

印度观众并不愚蠢，他们会有某些方面的特殊要求，这一点你永远也骗不了他们，从这个角度来说，他们是世界上最难满足的观众。本片很平淡，但并不愚蠢。就像卓别林，他似乎很简单，却绝不仅仅是一个小丑。所以，对待每一个人物我都很用心。至于阿米尔的角色，我之前内心只有一个候选人，那就是沙鲁克·汗，但最终我还是选择了阿米尔·汗。当然了，如果我选择了沙鲁克·汗，合作也会很愉快的。

说到卡瑞诗玛·卡普尔的角色，我曾经有很多选择，包括玖熹·查瓦拉、普佳·巴特和艾西瓦娅，但最终命运还是倾向了卡瑞诗玛（大笑）。

还有很多演员也做出了贡献：纳瓦尼特·尼沙、强尼·里弗、库纳尔·赫姆和维鲁·卡瑞什纳，是他们的角色让剧情变得丰富。在这里我想送给阿米尔一些功劳，他来自电影家族，作为核心演员，知道如何组建一个演艺团队。很多巨星都有这个本事——就像阿米尔·汗、沙鲁克·汗和阿米塔布·巴强。他们都很乐意和其他演员一起排练，分享各自对角色的认识。他们知道大家一起努力，远比独善其身要强，他人的反馈很重要。

阿米尔·汗经常与卡瑞诗玛·卡普尔、强尼·里弗和库纳尔·赫姆分享经验，他们经常在一起排练，一遍接着一遍，阿米尔帮助我引领他们，让他们理解我想要的表现效果。在印地语电影界，演员通常同时接很多电影，所以只有在特定时间里，他们才能保证在片场。在这种情况下，要让他们进入你电影中的状态并不容易。领导者必须非常有能力，如果演员在协助导演，就说明他对影片有一份情意，有一种"放手干吧"的豪气。阿米尔就有这种精神，他曾经是他伯父纳西尔的导演助理，知道如何协助拍摄一部电影。

所以说，对于《印度拉贾》来说，阿米尔是理想的演员。他非常自律，也很守时。事实上，他一点也不难相处。曾经有很多人提醒我，说他经常会干扰导演。但是，我在拍摄电影之初就问他："一部电影有几个导演？"他很聪明，明白我的用意，回答说："只有一个导演，那就是你。电影的表现主要是导演的观点。"这也许是他从以前的电影拍摄中学到的道理，也可能是他确实从来不干涉别人。在《印度拉贾》里，我鼓励他经常加入拍摄工作中，他的导演能力也一点点地表现出来。作为电影家族出身的演员，他了解电影从前期筹备到最终上映的所有流程，在影片的各个方面都有帮助。

但是，他的帮助也有界限。如果在片场有一位如此有能力的演员，剧组就很容易被他领导。出于好意，他有时候会把导演引到另一种思维上，在两个人都没意识到的时候，导演已经失去了判断力。所以导演需要时刻保持警惕。

不幸的是，在《复仇的火焰》中我就进入了这种怪圈，犯了这个致命的错误。因为对阿米尔在《印度拉贾》中的表现心存感激，我希望能和他好好相处而失去了判断。他想通过我给他弟弟拍一部电影，我一点也不想质疑他，也太想和他合作了，所以，就压抑了自己的本性拍了《复仇的火焰》。与之相反，我一旦珍惜起自己的本性，就能拍出《印度拉贾》这样的作品。

不过，阿米尔还是很配合的，这部影片之所以能如此卖座，其中一个原因就是因为他。这部电影有很大的潜力的同时也有一些冒险，所以我需要依靠他的号召力来确保一定基础的观众。这是我的第二部电影，而他当时已经拍了二十多部了。再说我们还是同龄人，在拍摄《印度拉贾》之前我就认识他了。

每个人都认为阿米尔是个“顶级”演员，但是我认为他只是个“好”演员。我不知道一个人要具备什么条件才能成为“顶级”演员或导演。我觉得他是一个超级明星，虽然不是那种典型印地语电影中肌肉健美、身材高大的英雄男主角，但他完全凭借自己的头脑打破了一切常规。他善用才智达成事业的成功，从这个角度来说，他非常聪明。他也知道如何协助导演拍摄一部好的电影，不像一些明星因为自己不守规矩而毁了作品。他和沙鲁克·汗都是超级明星，他们将规矩带到印地语电影界，我认为这是他非常珍贵的特质。

总之，他是好演员，也是超级明星，他知道如何拍好一部电影，他也知道如何集合一个团队的智慧，发挥每一个人的才能，为电影，也为了自己。

第五章

印度电影的转折

迪帕·梅塔[1]将她手上的材料运用得特别好，这个看起来异常严肃的话题，却被她使用得像一件华丽的服装。

——《纽约客》评论《大地 1947》，1999 年

这也许是阿米尔·汗这一生最棒的表演了。能够像他那么到位地塑造“棒冰人”几乎是不可能完成的任务。他用传神的目光和肢体语言，甚至包括点烟的方式，塑造了这个复杂的人物。尤其是他冲到车厢里，看到血腥场景的那一刹那。

——雷迪夫网评论《大地 1947》，1999 年

此时的阿米尔，尽管已经凭借《印度拉贾》和《古拉姆》坐稳了印度巨星的位置，他仍然寻求突破以往的表现，最终，他通过两部电影，实现了突破。尽管这两部电影的巨大意义在当时没有被观众完全意识到，但是大家都看得出，这和阿米尔以往的银幕形象大相径庭。这两部片子就是《大地 1947》（1998）和《义无反顾》（1999）。

一个善良又有些脆弱的人，能不能展现出黑暗邪恶的一面？一个演了十年正面角色的演员能不能演反派？“能！”阿米尔通过他接下来的表现，充分地

① 译者注：同安妮·梅森一起担任《大地 1947》的导演。

说明了这一点。

阿米尔受女导演迪帕·梅塔之邀扮演《大地 1947》中的“棒冰人”。这部电影改编自巴普希·西多瓦的小说《买棒冰的人》，讲述了一个小女孩在 1947 年印巴分裂时期的故事。但是这个故事的重点不在外部冲突，而在于人性的变化，还有人与人之间的关系由朋友到死敌的转变。就像迪帕的其他作品一样，这是一部对人类兽性的探寻。

《大地 1947》是迪帕“本性三部曲”系列中的第二部。在后来的一次采访中，迪帕这样评价自己这一系列：“这三部曲讲了我们人的本性，而这些本性很有可能将我们摧毁。”她还说：“这几部作品有一个共同点，就是人在受到社会压抑的时候，都会爆发出呼唤独立的声音。”

迪帕之前的电影《爱火》在 1996 年上映的时候是毁誉参半的，那部电影讲述的是一个印度中产阶级家庭的两个儿媳妇在压抑的环境中对彼此爱的觉醒。由于涉及女同问题，最终在印度和巴基斯坦都被禁播了。

阿米尔对于迪帕来说，是出演男主角的特别之选。他的演技从来没有被人怀疑过，只是他当时几乎所有角色都是非常讨喜的。但在《大地 1947》剧本中，狄·那瓦兹（“棒冰人”的全名）这一角色与观众对善的向往背道而驰，这无疑是在“破坏”观众对他的好感。迪帕后来解释道，之所以选择阿米尔出演狄·那瓦兹，是因为阿米尔是一个很会思考的演员。阿米尔本身也对《爱火》那部电影评价很高，是其支持者之一，当《爱火》在孟买禁播的时候，阿米尔态度坚决地公开表达了他的不满。

除此之外，阿米尔本身也非常喜欢“棒冰人”这个角色。此前，他所有电影都是在角色上进行突破，但是“棒冰人”是一个多层次的人物，他迷失了自我的同时，也将丑陋的本性暴露出来了。当时有这样的说法：除《灰飞烟灭》之外，这是阿米尔电影中最复杂的角色。导演和演员都非常期待这次合作。然而，因为档期冲突，最初阿米尔不得不拒绝了这个片约，不过幸运的是，迪帕改变了拍摄时间，阿米尔就有了20多天来拍摄这部电影。

《大地1947》是阿米尔全新电影旅程的开始，这也是他首次与国际团队合作。阿米尔一直对不同的电影拍摄方式感兴趣，他注意到此片采用同期声，演员在表演时说的台词被同时录音，音形没有分离，也压缩了制作周期。所以，不同于阿米尔的其他电影，本片的拍摄和制作只用了40天。这也为他后期的电影制作提供了经验。

阿米尔将自己所有的经验，都运用在这个角色的塑造上，成就了一次最具张力的表演。同时，他与迪帕对彼此创造能力的尊重，也使得这次合作异常成功。

在试映礼时，阿米尔表示，他非常赞赏迪帕，尤其是她善于从演员的多条表演中提取最好的一条。他对记者说："她非常有领导能力，很清楚自己想要什么，也能理解你想表达什么……当你与她讨论的时候，她完全能明白你所指何物，而且心里早就有了答案。"这话从阿米尔这样一个为了抓住人物特性喜欢问导演无数问题的演员口中说出来，绝对是对导演最大的褒奖。

迪帕在接受采访时，也对阿米尔大为赞赏。在接受自主电影人的网上采访时，她表示："他是明星中非常稀有的，高度自律和专业。和他共事很轻松，只要我给他剧本，他就会做出相应的反馈。"

这些都来源于阿米尔在本片中的表现。事实上，《大地1947》被很多影评人评为阿米尔从影以来最好的表演。如今回顾往昔，这不过是他持续绽放的开端罢了，此后，他开始不断给自己设定更高的目标了。

《大地1947》也是阿米尔首部代表印度公开选送给奥斯卡奖的作品。虽然没有获得提名，但是它在印度赢得了极高的荣誉，被评为讲述印巴分裂最好的电影之一。

《大地1947》之后，阿米尔的电影事业开始涉足国际层面的合作，他并不是和国际上的电影集团合作，而是放眼全球，力求制作出满足世界观众品位的电影。他没有选择贴着国际商标炒作，而是以自己的方式，慢慢迎来了属于他的电影时代。他从这部电影起航，按照自己的方式，脚踏实地一步步成为让全印度为之骄傲的国际巨星。

《大地 1947》的影响延续至今

《大地 1947》上映至今已有十多年了，但是它被人铭记至今。影片的女主角南蒂塔·达斯将在下面谈到本片对于印度电影界的影响，以及她和阿米尔难忘的合作经历——

南蒂塔·达斯：

《大地 1947》是我最重要的一部电影，它到现在仍然具有重要意义。由于印巴两国特殊的关系，我们经常能看到宗教所扮演的角色，有时真的很负面。这个选材很大胆，所以，如何讲述这个故事就显得尤为重要。我们选择侧重于讲一个人的心理历程——包括友情、爱情方面的背叛。

这也是阿米尔最具有突破性、最有张力的一次表演。他以帅气的“棒冰人”形象出场，而最后却成了遭人唾弃的反面角色，这不是偶然的，只是因为他也是现实的受害者。

提到阿米尔的演员身份，我听说很多人认为阿米尔在电影拍摄时会横加干涉。但事实上，干涉和参与是有着极大区别的，而自信的导演通常对此持开放态度。阿米尔喜欢参与其中，我也认为本就应该如此，他只是在做自己的贡献，他非常清楚导演才是这艘船的船长。

阿米尔也非常善于跳出角色来看自己的表演，所以他的表演是一条胜似一条。对我来说，倒是少拍几条更好。一位演员是渐入佳境，另一位演员则是越拍越糟，导演因此要好好处理两人的拍摄差别。

我们剧组的气氛特别好。阿米尔是一个拍时认真严肃，不拍时热衷捣乱的人，经常在拍摄之余搞点恶作剧。有一次，我们在等车，他叫剧务去拿一杯咖啡，接过时故意把杯子打翻。我尖叫起来，感觉热咖啡就要泼到我身上了。结果却发现原来杯子是空的。为了给我压惊，阿米尔给了我一个小礼物，刚好从杯子里“泼”出来“溅”到我身上——是一只手镯！

其实有时候我也是这样，一会儿严肃认真，一会儿又喜欢开玩笑。和阿米尔的工作经历非常难忘。

《大地 1947》在当时没有太多的营销预算，我认为，要是它现在上映的话，效果肯定会更好。这是一部很好的影片，故事非常有力度，包括拉曼做的音乐，也是他最好的作品之一。

在印度，我们总是要给一部电影冠上艺术型或者商业型的帽子，而不是深入全面地看待电影本身。《大地 1947》就只能游离在外了，因为这两种类型它都不属于。

《义无反顾》（1999）把动作戏、惊悚戏和主旋律元素处理得恰到好处。除此之外，故事引人入胜，让你身临其境地去感受罪与罚，又不失逻辑。

——《时代电影指南》，2007 年

脑筋急转弯似的深夜追逐、遭遇战、密集的动作戏，从南印度转至西印度，最终在西南边界的沙漠结束——《义无反顾》上映之前，有着长达七年的准备期。

导演约翰·马修·马塔也许认为这是一部动作戏，但事实上，其爱国主义成分同等重要。

这部电影讲述了一位忠于职守的警察——ACP[①]拉索尔（阿米尔·汗饰）和越境恐怖组织之间的争斗，尤其是针对从巴基斯坦到印度的军火交易。同时，又有拉索尔和其大学校友希玛（索娜丽·本达里饰）之间的爱情线索。

《义无反顾》是约翰·马修·马塔第一次以导演的身份亮相，此前他从事的是广告片制作。阿米尔再一次坚信自己的选择，着眼于整部电影，而不计较导演的资历。

阿米尔决定签约这部电影最重要的因素是剧本。在 1999 年一次《印度时报》采访中，他说："当我读到这个剧本的时候，能感受到它所揭示的社会内涵。"

① 译者注：Assistant Commissioner of Police 的缩写，警务处助理处长。

由此，阿米尔觉得这部片子一定要拍。

其实，对于导演来说，这个决定也是冒险的。约翰虽然选择了阿米尔主演《义无反顾》，但阿米尔在观众的印象中并不是动作戏男主角。当然，《义无反顾》并不是简单的动作戏。约翰在1997年接受《印度电影观众》的采访时说："我认为阿米尔很适合出演《义无反顾》，我想要一个勇敢但又不是那么生猛的形象。当我看到他在《艳光四射》中的表演后，就确信他是正确的选择了。"这一采访是在《义无反顾》上映之前，不需要票房验证，约翰已经相信他的选择是正确的了。

从阿米尔的角度来说，他在角色之间的转换十分流畅，从《古拉姆》里面的小流氓，瞬间转变成一位恪尽职守的警官，言谈举止都透着凛然正气，有时候微微卷起袖子，有时候双臂抱肩，有时候手放在唇前——这个为法律而存在的角色，每时每刻想的都是正事儿。

本片和《灰飞烟灭》《古拉姆》同属于阿米尔早期突出的动作戏电影。其实，动作戏并非盲目地表现打斗，而是需要特定的情节进行引领。

尽管也有人觉得，对于恐怖主义和巴基斯坦的情节设置有些陈词滥调，但是，本片绝对有它的新颖之处，尤其是人物关系的处理，以及情节的发展和推进。最重要的一个例子就是ACP拉索尔和高法穆·侯赛因之间的一份友情。高法穆·侯赛因是巴基斯坦在印度埋伏的恐怖势力头目，这可以解读为来自朋友的背叛。后来，拉索尔开始对付高法穆，这其实也是一种背叛。不过，由于高法穆对整个印度造成了威胁，为拉索尔的背叛提供了合理性，使其不失为一个忠实的朋友。

针对这部电影，《印度时报》曾询问阿米尔对印巴问题的看法，阿米尔表示，他不认为这部电影对敏感话题的涉及太过，或是一味表达激进情绪。相反，一些巴基斯坦朋友看过这部电影也很喜欢。

《义无反顾》在各大影院上映的时候，正值 1999 年印巴之间发生卡吉尔冲突。[1]雷迪夫网对本片评论道：“《义无反顾》是一部希望迎合多方面需求的商业之作,某些片段的阐述不一定合你的胃口,但不管怎么说,它在商业上相当成功。”

印度观众对本片自然是热情高涨，它对爱国主义的宣扬，以及对恐怖主义的反对，都在印度被广泛颂扬。票房非常成功，在大城市更是一票难求。极高的人气让它赢得了印度电影观众奖最佳影片奖。

此前，阿米尔最受欢迎的作品都是抒发单一人物的命运，而讲述群体故事的《义无反顾》的成功使阿米尔突破了题材的限制，影响了他今后十年在电影界的发展方向。

90 年代末的印地语电影界格局发生了变化。从票房上来看，这一时期最成功的三部电影分别是《君心复何似》（萨尔曼·汗主演）、《勇夺芳心》（沙鲁克·汗主演）和《印度拉贾》（阿米尔·汗主演）。亚尼·卡普已跟不上他们的脚步了，印度影视界“三汗”鼎足而立。

沙鲁克·汗凭借多次票房上的成功树立了地位，阿米尔·汗则以高超的演技和多变的角色令人折服。媒体不可避免地将他们放在一起比较，形成了“影视巨星”（指沙鲁克·汗）和“影视宗师”（指阿米尔·汗）的对垒。

1997 年，资深影评人阿努帕玛·乔普拉在《今日印度》报上写道：“沙鲁克也许是闪耀的明星，萨尔曼是个憨厚的壮小伙。然而，阿米尔的表现却有着常人难以触及的深度。沙鲁克不管演哪个角色都永远是沙鲁克，但阿米尔在《爱在旅途》中是拉固，在《艳光四射》中是穆纳。”

世纪之交，这三位巨星中至少有两位看起来有平分秋色之势，那么他们今后将何去何从呢?

---

① 译者注：《义无反顾》的上映时间是 1999 年 4 月 30 日。卡吉尔冲突发生于 1999 年 5 月到 7 月。

▲ 侯赛因一家。阿米尔·汗和父亲塔希尔·侯赛因、母亲兹纳特·侯赛因、姐姐尼哈特·侯赛因

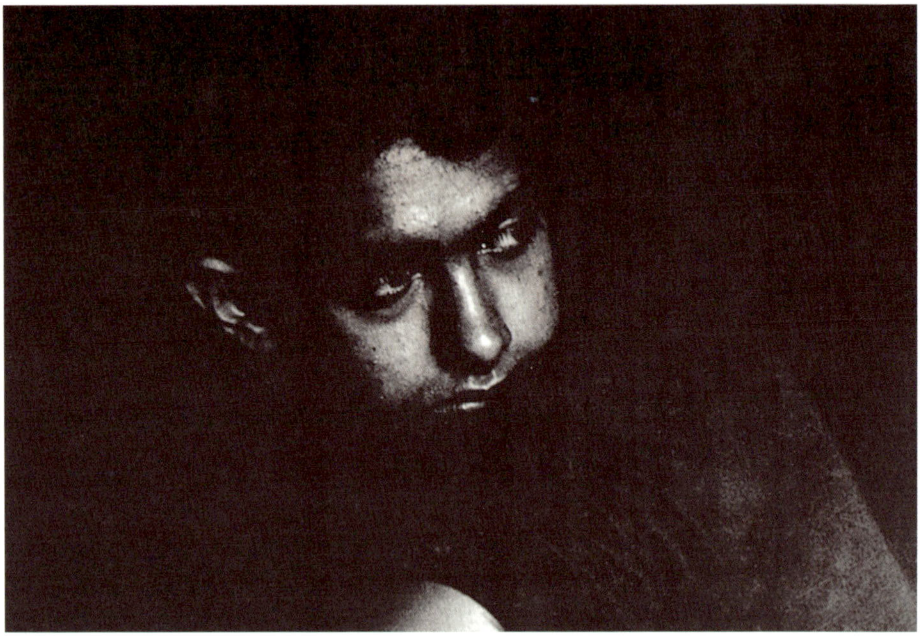

▲ 成年后的阿米尔·汗出演《胡里节》

▲ 《胡里节》拍摄期间的阿素托史·哥瓦力克、阿米尔·汗、桑吉夫·甘地和阿莫尔·古普特

▲《冷暖人间》首映礼上两代人的银幕偶像代表：瑞什·卡普、阿米尔·汗和玖熹·查瓦拉

▲年轻浪漫的男主角抓住了印度全国人民的心，尽管如此，也难免经历票房的失败——电影《传统》中的阿米尔·汗

180 度大转型。由《冷暖人间》中勇敢追爱的男主角，转型为《灰飞烟灭》中的杀手，阿米尔·汗将杀手的心理演绎得很准确

▲ 阿米尔·汗早期珍贵影像资料——《灰飞烟灭》中的阿米尔·汗和潘卡吉·卡珀

▲ 阿米尔在学习板球——拍摄《爱》过程中的阿米尔·汗和戴维·阿南德

▲ 和导演父亲塔希尔·侯赛因一同拍摄《为了爱你》

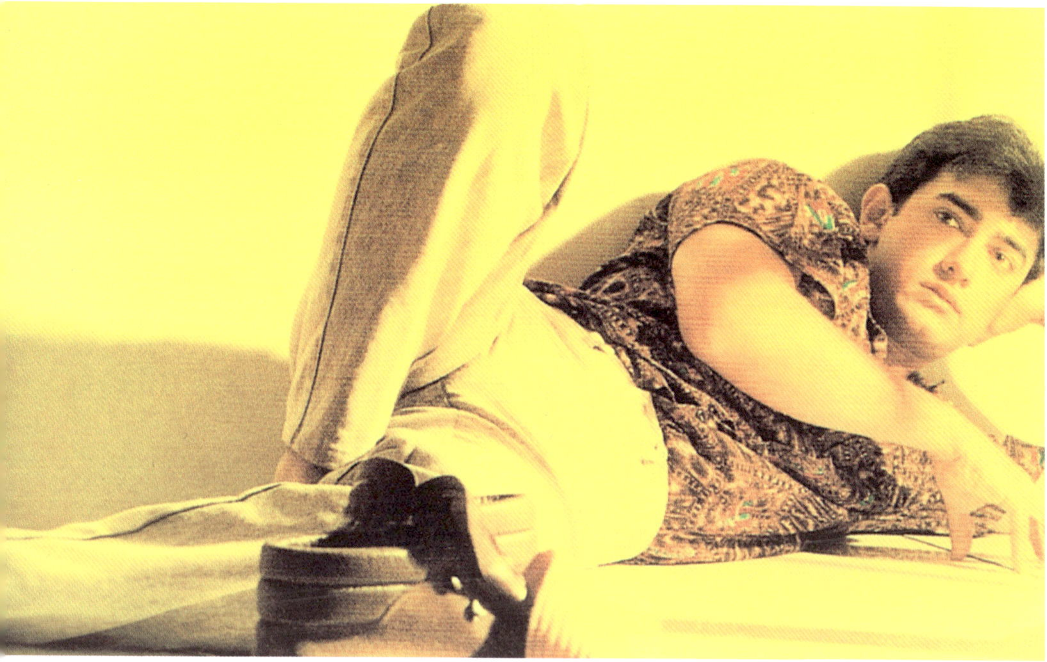

▲ 摄影师镜头中的青年阿米尔·汗

▲ 《爱在旅途》中，阿米尔·汗的表演对爱情做出了与众不同的阐释

▲ 讲述成长的影片——《情比金坚》

▲ 《情比金坚》中，阿米尔·汗和安亚莎·玖卡展示出好斗的一面

▲ “我知道怎么让你头脑清醒一点！”——《情比金坚》中阿米尔·汗和迪帕克·提玖里对峙，一旁是普佳·贝迪

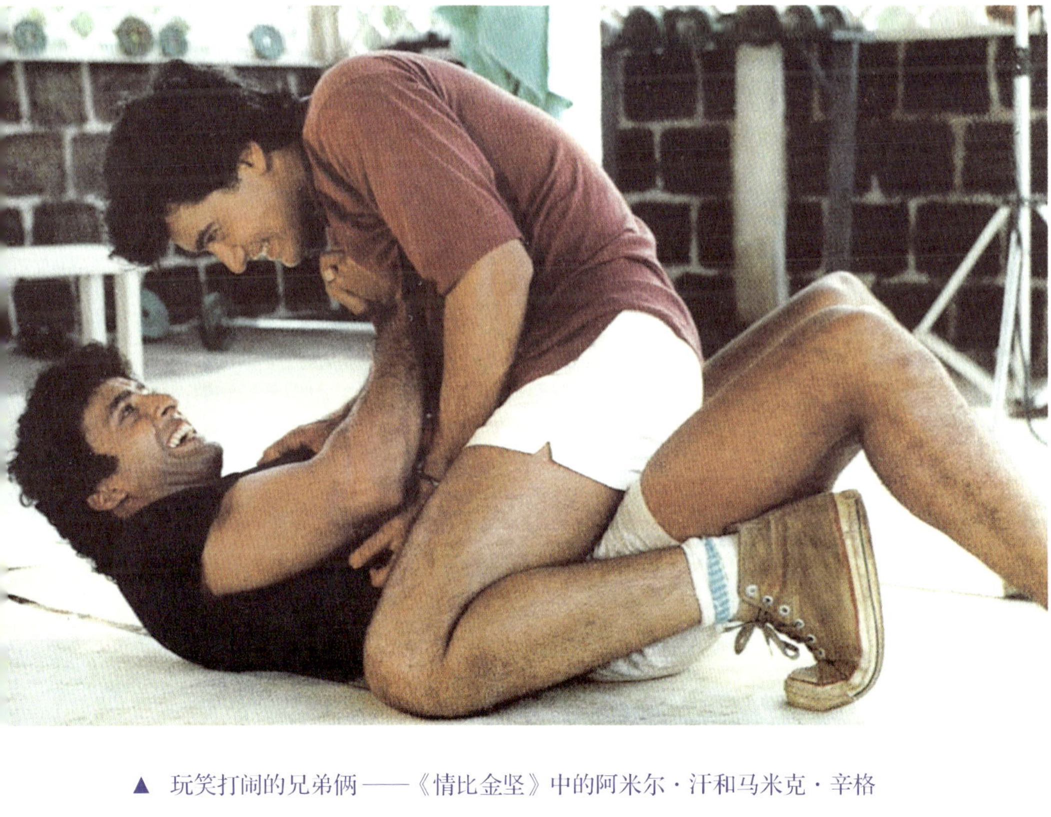

▲ 玩笑打闹的兄弟俩——《情比金坚》中的阿米尔·汗和马米克·辛格

▲ 在多次扮演男大学生后，阿米尔·汗在《情牵一线》中扮演了一位年轻的舅舅

▲ 《冷暖人间》中的阿米尔·汗和玖熹·查瓦拉

玖熹·查瓦拉是阿米尔·汗多部影片的女主角

▲ 紧凑的情节增强了《情牵一线》的喜剧效果

▲ 坐怀不乱的男主角——《情牵一线》中的阿米尔·汗和纳薇·尼珊

▲ 阿米尔·汗和拉薇娜·坦顿在《假假真真》的片场玩乐

▲ 影片中充满了夸张的情节——阿米尔·汗和卡瑞诗玛·卡普尔、拉薇娜·坦顿在片场

▲ 阿米尔·汗在《忠肝义胆》中不太自然的表演

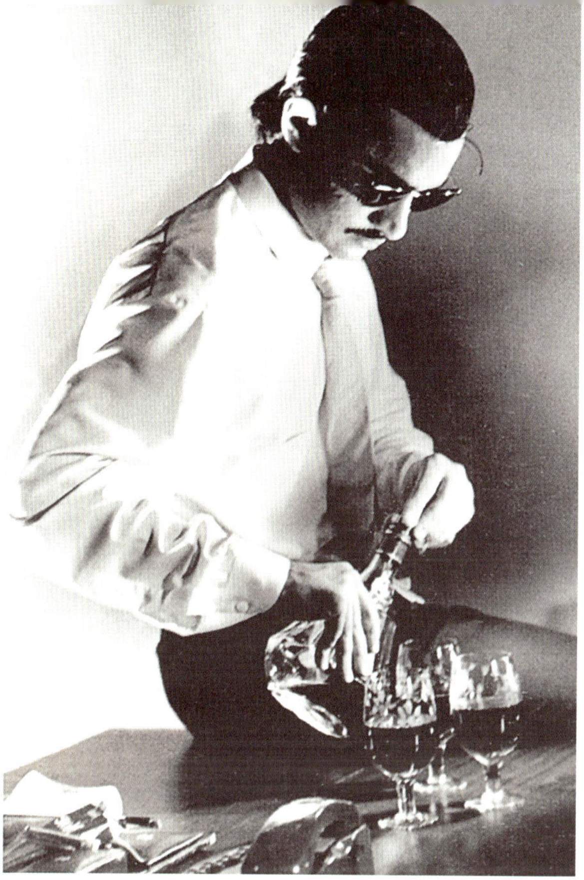

◀ 向教父致敬——阿米尔·汗在《恐怖是恐怖》中饰演黑帮头目

▼ 与导演在《恐怖是恐怖》片场

◄ “艳光四射”的年代，印度国家电影资料馆

《印度拉贾》中吻戏前的阿米尔·汗和卡瑞诗玛·卡普尔 ►

第六章

权威和反权威

阿米尔·汗是印度电影界最有商业价值的明星。

——《卫报》，2002 年

阿米尔·汗在宝莱坞年轻演员中最值得尊敬。他为印度电影界开创了一个体制，因为在同辈宝莱坞演员中，他是第一个自主选择角色的演员。

——《泰晤士报》，2003 年

2010 年 3 月 31 日，新德里的总统府举行了一场盛大的仪式。为印度做出杰出贡献的人们被授予了莲花装勋章，这是印度政府颁给公民的第三级荣誉奖，获奖者都是在自己领域中为印度做出卓越贡献的人。在他们中间，就有这位刚满 45 岁的演员阿米尔·汗。对他而言，这意义太大了。

当年那个在《古拉姆》中扮演小流氓的演员，是如何成了国家的骄傲？那就要说说这十年间发生的故事了。

世纪之交，阿米尔已然名声大噪，之后的作品也个个锦上添花，每一部都突破以往。他总是能创建一个前所未有的新模式，然后再亲自将其打破，也就是说他既是电影界的权威，也是打破权威者。阿米尔迎来了一个特立独行的时期。

超越平凡、酣畅淋漓地过活，他这道独特的“美味”，带有一点西方味道，一匙黑泽明的思想，以及少许吉卜林[1]的浪漫。

——《卫报》，2001 年

《印度往事》是当代印度的经典之作。它是一部精心设计、积极向上的电影，是演员兼制片人阿米尔·汗的鸿篇巨制，没有辜负制作团队为它所付出的努力……《印度往事》不是宝莱坞生产线上的标准化影片，但它绝对是值得一看的，可以说是一部为印度电影界加分、牵动你我情绪、最终将微笑留给观众的佳作。

——BBC，2001 年

在印度电影史上，也有几部电影曾像《印度往事》（2001）一样，以印度的方式讲述故事，最终得以冲击国际奖项。阿米尔·汗经过早年的种种努力，终于通过本片达到了演艺事业的顶峰。

我们应该怎样描述《印度往事》这样一部电影？这是一部关于印度民族主义的电影吗？是一部讲述反抗英国殖民者的电影？还是一部用板球运动来调动观众积极性的电影？以上这些评价都是不准确的，《印度往事》的意义远不止

① 译者注：吉卜林（1865—1936），英国作家，1907 年获诺贝尔文学奖。

于此，正如阿米尔后来说的，这是一个讲述“以弱胜强”的故事，剧中人以螳臂之力完成了不可能完成的任务。因此影片产生了与观众价值观的共鸣，也奠定了被普遍认同的基础。

《印度往事》的构思

1996年，阿素托史·哥瓦力克仍然只是一个名不见经传的小导演，虽然拍摄过两部电影，但在票房上都比较惨淡。其中一部就是和阿米尔合作的《忠肝义胆》。尽管如此，阿素托史仍然没有放弃电影事业。终于，他的第三部电影足以进入印地语电影的纪念堂了，这就是《印度往事》。

这部电影最初的想法很简单——受英国殖民统治迫害的村庄，面临着又一次沉重的加税，就在所有人都要面临崩溃的时候，一场板球比赛将决定村民们的命运……

按照当时印度电影界评价电影的方式，《印度往事》有三个致命伤——失败的导演、枯燥的时代背景和冗长的运动情节。其中，最后一条曾在《胜者为王》拍摄过程中提到过，暂且不论导演和年代背景这两项，在《胜者为王》之后的十年间，整个印度电影界没有一部运动电影能获得成功的。

正因如此，当阿素托史告诉阿米尔这个构思的时候，阿米尔并不以为然。但正是好友阿米尔的打击，使得阿素托史的拍摄意愿更加强烈，他把自己关在家里，与世隔绝，一心一意写了五个月的剧本，然后带着剧本再回来找阿米尔，请求他安排时间听他读剧本。[①]

阿米尔没想到自己的这个好朋友在想法被自己贬低后，还会为此花这么多

① 译者注：阿米尔喜欢编剧亲自读剧本给他听，这帮助他理解编剧的意图。

时间，竟然还完成了剧本。一开始，他并不想和这个剧本有什么瓜葛，但是阿素托史坚持让他听一下。阿米尔答应了，不过仍然打定主意不会参演。三个月之后，阿米尔终于和阿素托史坐在一起了。万万没想到，阿素托史一开口，阿米尔就被深深地吸引了，不过他没有忘记《印度往事》触犯的几个大忌讳。看来，需要找一个大胆的制片人才行，这位制片人必须做到保留剧本的完整性，并且不受商业利益的影响。阿米尔答应阿素托史，如果能找到这样一位制片人，他就出演，而且这位制片人要在不知道阿米尔出演的前提下依然同意加入，因为他不希望以自己的出演来吸引制片人。不出所料，阿素托史没有找到符合条件的人选。他又试着找其他明星，期盼着能利用明星效应来加持自己的电影，结果却发现没有一位明星愿意出演。

这个故事在之后很长一段时间里一直萦绕于阿米尔的脑中。终于有一天，他请来了阿素托史在自己的家人（父亲塔希尔、母亲兹纳特、妻子芮娜）和经纪人面前再叙述一遍剧本。

阿米尔和他的经纪人从《艳光四射》时起就开始合作了，经纪人非常佩服阿米尔对于电影的理解和创新意识，他一直建议阿米尔向制片人方向发展。而既然阿米尔现在有了制片的打算，他当然要支持这个决定了。

和阿米尔一样，他请来的四位听众也一样被打动了。下面的任务就是说服他们，因为阿米尔既打算主演这部电影，又打算做它的制片人。

1999 年，《爱情保卫战》摘得当年票房冠军。此时的阿米尔却打算反其道而行之，背水一战！谁能想到，这位曾经的网球运动员，能够在板球场恣意挥洒，以印度电影荧屏为画板，勾勒出绚烂的一笔呢？

《印度往事》独一无二的合伙人

阿米尔继续完成手头上的电影，以便全身心投入《印度往事》的制作。但是，随着开机的日子一天天临近，他发现事情并不是那么简单，他需要一个可以百分百信任的人协助他。这时妻子芮娜被邀请加入制作团队，她也很快同意了。尽管如此，芮娜还没有为两人的制片首秀做好准备，何况在当时看来，这是印度电影界最大的挑战。

对芮娜来说，加入这个项目意味着涉足电影制作的方方面面，包括凝聚团队、协调演员档期、搭建实景片场、置办设备，甚至包括为规模庞大的团队成员安排食宿……这些对于任何一个第一次制作电影的人来说都非常困难，更何况《印度往事》制作宏大。尽管如此，芮娜还是接受了这个巨大的挑战，并让一切都有条不紊地进行。

阿米尔给芮娜最紧急的任务就是让她处理预算。要完成这项工作，芮娜就必须先搞清楚到底什么是电影预算。她时刻谨记自己的身份和责任，一直没有忘记阿米尔的经纪人对于这部影片的信任和支持。哪怕是她的巨星老公和经验丰富的导演犯了错误，她都会毫不犹豫地给予批评。可以说，《印度往事》的成功，一定程度上得力于芮娜对她的新角色的投入。

阿米尔苦苦维持一个中立位置，希望既能符合制片需求，也不辜负导演的作品。芮娜相对来说立场要分明一些——保证影片按照计划进行拍摄。即使是因观点不同而产生的争论，也是两人互补的证明。因此，即便阿米尔只能在片场和家人一起庆祝自己的生日，在拍摄间隙才能抽出时间陪孩子，甚至忘记了结婚纪念日，但这部电影却建立了两人的合作伙伴关系。

在之后的电影宣传期内，有观众问芮娜他们夫妻有几个孩子，芮娜回答说有两个，但随即有人提醒她，包括《印度往事》在内，他们实际上有三个孩子。

这个传统的印度家庭，因这部电影打破了之前所有的家庭与工作的界限[①]。

《印度往事》的团队

加入《印度往事》制作团队的人，都是因为一个简单的原因——他们都相信这是一个好剧本。

在印度电影界，有一些值得尊敬的人一致看好这个剧本，他们是制片设计尼丁·查德拉坎·德赛、摄影导演安尼尔·麦塔、服装设计巴努·阿塔依亚和音乐总监 A.R. 拉曼。杰维德·阿克塔尔本来没有十足的把握，却被其他人近乎狂热的激情所鼓舞。正是这些人组成了《印度往事》的制作团队。

《印度往事》的团队有一个规矩，就是包括经验丰富的巨星在内的所有演员，全部要参加试镜。有很多知名演员都试镜了女主角高莉，但是阿米尔和导演最终选择了有天赋的新人演员格里希·辛格。事实上，格里希一直是他们的首选。

《印度往事》团队成员同甘共苦，他们吃住在一起，赶早坐同一班大巴到片场。有这么一件趣事：阿米尔本人赶早班车迟到了一分钟，结果车子竟然没有等他！因为大家早有约定：每天凌晨五点必须到达集合地，如果你迟到了，不管你是巨星，还是制片人，或者导演，车子都不会等你！

类似的故事有很多：拍摄初期，英国女演员蕾切尔·雪莉（伊丽莎白的扮演者）由于自己的衣柜太乱了，就对负责服装的工作人员发了一通火。阿米尔亲自找她谈话，后来他还躺在地上和大家定了一个新规矩："除了我，谁也不能在片场大喊大叫的。"

① 译者注：两人后来婚姻破裂，与此有关。

正是这些规矩为这个团队带来了一种特殊的凝聚力。即便是现在，回忆起《印度往事》的制作过程，所有剧组成员仍对那段齐心协力克服困难的光阴记忆犹新。

《印度往事》独特的拍摄方式

阿米尔一直都是身体力行的演员。这是《情牵一线》之后第二次真正需要他为影片制作承担责任。这次，他没有采取主流的电影制作方式，是他对自己和印地语电影的又一次突破。影片在遥远偏僻的普杰[①]开始了六个月的连续拍摄，使得任何人都不可能跨戏，这一要求在印度电影界是非常困难的。

《印度往事》的拍摄过程没有任何妥协。比如选择普杰为拍摄地，这对整个团队而言都是挑战——需要在毫无基础建设的地方，为整个团队建立起一系列设施。其实还有另一个取景地可选——纳西克[②],它离宝莱坞大本营孟买很近，要方便很多。但是导演最终还是选择了普杰。阿米尔给了导演选择的权利，这是《印度往事》的一个非常重要的决定，正是这个选择，让电影有了数量庞大的群演参与其中。

电影的拍摄地已被选定，总设计师开始在普杰的沙地上设计故事发生地——占潘奈村庄的具体布局了。与此同时，剧组改建了当地的一座塔，那是普杰的最高建筑，有着现代化设施，改建后，该塔成了三百多位剧组成员六个月的家。

剧本中的台词都是演员们不熟悉的阿瓦乔方言，他们不光要请语言专家帮忙修改剧本，还要学会用这种方言说台词。对于阿米尔这样土生土长的孟买人

① 译者注：印度古吉拉特邦的一座城市。

② 译者注：印度马哈拉施特拉邦一座城市。

来说，这无异于学习另一种新的语言。

阿米尔从《大地 1947》的拍摄中意识到了同期声的优势，这是印地语电影应该迈出的一步。他将这一想法运用于《印度往事》的拍摄中。

除此之外，本片与英国演艺公司签约，起用了英国演员出演片中相应的角色，这也是创新的一步。此前，印地语电影都是挑选有欧美血统的印度演员来表演，阿米尔却选择了专业的英国演员来出演。这些英国演员在《印度往事》中，可不是简单地做做口型就行了，而是真的要去学习大段大段的印地语台词。

对这个新成立的印度制片公司，大多数英国演艺公司都心存芥蒂，但是看了剧本之后就被征服了。

《印度往事》之所以能克服种种困难，正是凭借着阿米尔强大的制片团队。当他拍摄《复仇的火焰》时，还抽时间出来和 A.R. 拉曼研究配乐，和作词者研究歌词，甚至在纽约凌晨三点时，说服了阿普瓦・拉克亚担任本片的首席副导演。

尽管阿米尔在某些环节上仍有些顾虑，但是对于整部影片，他一直是信心满满的。在后来的某知名网站的一次采访中，阿米尔谈到本片对他自信心的影响：“《印度往事》的成功，为我追求自己理想中的电影事业提供了很大的动力。”可见，无论是对电影事业，还是对阿米尔本人，《印度往事》都是有里程碑意义的，为印度电影在世界范围内开拓了广大的市场。

塑造农民拉凡

拉凡是整部电影的灵魂。他勇敢、单纯，对信仰坚定不移，引领村民参与了一场板球比赛，以此改变了村子的命运。饰演拉凡是一个特别的挑战，阿米尔后来在接受网站采访时承认："演一个农民对于我来说是新鲜的，很有挑战性，尤其是学习穿缠腰带。"①

在角色外形上，阿米尔和导演产生了分歧。拉凡本该有胡子，但是阿素托史还是更喜欢没有胡子的简单干净。阿米尔刚开始不同意，最终还是照做了。事实证明，这确实给角色带来了很大的不同。阿米尔还特意为拉凡这个角色打了耳洞。

人物的外形都已经达标了，那么，又该怎样走进人物的内心呢？阿米尔在自己的博客上承认："饰演拉凡并不容易，因为他在很多方面做得都很好，几乎没有弱点。这样一个角色很容易让人觉得无趣。"如何不与观众产生距离感，让观众能够喜欢上近乎完美的拉凡呢？一开始，阿米尔坚持挺胸抬头，保持笔直的身形，他又担心这样会让观众觉得拉凡很傲慢。最后，他决定用一个非常真诚的方式塑造拉凡——保持平静深邃的目光，永远凝视对方的眼睛。

从这些方面都能看出拉凡与《大地 1947》中狄·那瓦兹是完全对立的角色，却有一点《义无反顾》中 ACP 拉索尔的影子。天真也是拉凡的一大特点，这也是拉凡和拉索尔的一个不同之处。睁大眼睛，让眼睛发出光芒，这会使角色看上去更天真。但是，阿米尔不想用这种方法，因为这会让拉凡勇敢刚毅的形象大打折扣。他最后采纳了化妆师米奇·康特科特的建议，将睫毛烫卷，使自己看起来天真一些。

阿米尔就是通过这些努力，成功塑造了卡奇沙漠地区农民拉凡的形象。

《印度往事》的外景拍摄

团队刚到达卡奇时就面临着艰苦的环境，以及漫长的拍摄周期等困难。即

① 译者注：缠腰带就是印度传统"裤子"，用白布缠腰和双腿。

便如此，在这几个月的时间中，他们始终凝聚在一起，完成每一个镜头，欢庆每一次胜利，共担每一份辛苦。

阿米尔制作公司出版的《印往精神——电影幕后》一书中[①]，作者萨塔亚吉特·巴特迦尔引用了摄影导演安尼尔·麦塔的话："从理智的角度来看，这是不可能完成的任务。但是，我们确确实实在那里坚持了六个月，是制片公司让这个不可能变成了可能。我敢说，任何人都能在这样的团队氛围中坚持下来。"

拍摄时剧组遇到了层出不穷的问题。大量的群演是该片的一大亮点，而这一亮点曾经却是剧组的一大麻烦。当地的地势和风景衬托出了史诗般的群演规模，但征集和管理数量如此之多的群演却是一大难题。其中最大的一个场景，有一万余人参加拍摄，工作人员要引领他们到片场，安排他们换装，还要指导他们如何表演。阿米尔也一直参与其中，为了让人群保持兴奋状态，他还手舞足蹈地唱起了自己的当红影视金曲——《古拉姆》的插曲。阿米尔团结团队的亲和力在《印度拉贾》时期就已经凸显出来，到《印度往事》时他的这方面能力更加强化了。

另一个之前没想到的困难是高潮部分的板球赛。尽管这场球赛已在导演心中大致成型，但是真正拍摄起来却非常困难。和《胜者为王》一样，拍摄球赛最重要的是还原真实场景，而这次却没有之前那么简单了。过程虽难，在无数次反复拍摄之后，《印度往事》的斗士们终于达成了目标，为印度电影界创造了永恒经典的银幕赛事。

每当遇到困难时，阿米尔总是和导演并肩作战。《印度往事》长达六个月的拍摄，让阿米尔用行动证明了自己的无限可能以及对梦想的执着追逐，也同时激发了万余人的庞大队伍支持他、追随他。

---

① 译者注：记录《印度往事》拍摄过程的纪念书籍。

《印度往事》在印度

《印度往事》在印度上映伊始，就获得了艺术上和商业上的双重成功，成为 2001 年最成功的影片，阿米塔布·巴强曾经写道："对我来说，这是一部完美的电影，是我近年来看过的最好的作品。"《印度时报》写道："《印度往事》打破了电影界的既定规则，同时为印地语电影创造了新的规则。"《印度往事》无疑已跻身于印度经典电影的行列。

在 2002 年的印度电影观众奖颁奖典礼上，《印度往事》横扫所有奖项。当时的阿米尔已经不再接受印度电影奖项了，但是印度电影观众奖还是又一次将最佳男主角留给了他。《印度往事》在各大奖项中重复着这种奇迹，还赢得了印度国家电影奖，而这一奖项是极少颁给印地语影片的。

这部电影的构思，尤其是拉凡这一角色的创造，之所以能够大获好评，得力于整个团队的努力，并成了印度大部分商学院课程的经典案例。

《印度往事》的持续效应

《印度往事》还在拍摄时，作为阿米尔的朋友，也是他制作公司成员，萨塔亚吉特·巴特迦尔就筹划着拍摄一部纪录片，全程记录这部电影的拍摄过程。这部纪录片叫《走吧，冲吧》[①]。该纪录片的英文版还获得了国家电影奖。此外，萨塔亚吉特还写了一本《印往精神——电影幕后》。

电影上映不久，《印度往事》的官方网站就开放了，这在那时是不多见的。

① 译者注：《印度往事》中，拉凡及村民们参赛前的那首鼓舞士气的歌曲名也叫《走吧，冲吧》。

早在2001年,这一网站就已经注册了,这也是全球最早为电影专门注册的网站。

上映六个月之后,《印度往事》带来的热潮仍然继续着,于是它迎来了二次发布——影片DVD的发布。为了配合DVD发售,《印度往事》网站还专门开通了一个博客,这个博客也成了阿米尔与粉丝的互动平台,阿米尔在网络上继续和大家讨论着各种话题。这个博客后来成为阿米尔的私人博客,吸引着全球追随者的关注。

《印度往事》DVD的销量在印地语电影中创造了新高。值得一提的是,根据导演阿素托史最初的剧本,《印度往事》还被改编成了一套漫画。

阿米尔就是这样,给印度电影人呈现出了一部精品,还衍生出极其丰富的周边产品。他向印度电影人证明,一部卓越的电影可以发展成为一个品牌,而这个品牌比电影本身的生命周期更长。在当时,如果不是阿米尔,也许也会有其他人能做到这一点,但是变革却由《印度往事》而起!

《印度往事》走向世界

是阿米尔·汗教会了印度，要敢于去追逐奥斯卡之梦。

——《亚洲时代》，2002 年

《印度往事》的成功其实才刚刚开始。这部电影在南非太阳城首映之后，进军国际市场的道路就被打通了。在瑞士洛迦诺电影节上，尽管大家操着各种不同的语言，却一起为这部电影的成功欢呼。很明显，这是《印度往事》给大家带来了共鸣。和印度传统电影的遭遇不同，观众没有被漫长的观影时间、完全听不懂的语言、印地语电影的特色，以及并不熟悉的板球运动等因素影响。

《印度往事》在该电影节上获得了“最受欢迎影片奖”，击败了来自世界各地的 350 部影片。阿米尔在后来的一次新闻发布会上说，他的影片首次在欧洲上映的意义，远比获得奥斯卡提名要重大。

除此之外，该片还在很多国际电影节上放映，获得了英国利兹国际电影节最受观众欢迎奖、挪威电影研究院设立的伯根国际电影奖，以及美国波特兰国际电影节最佳影片奖。

从世界电影的角度来看，该片存在着一些问题——影片时间偏长，以及浪漫戏份过于单一。但是，本片的主线，即与强大敌人的斗争，赢得了观众的认可。此外，这部电影的叙事方式也值得一提，它选择了在广阔的卡奇地区，用轻松的方式展开叙事。

凭借以上优势，《印度往事》成了印度电影史上最具划时代意义的作品，而这部电影起初并没有这么大野心。《纽约时报》写道：“植根于孟买的影视产业，也就是我们通常说的宝莱坞，是世界上最大的电影基地之一。但是，宝莱坞的作品在印度之外，甚至连国外的印度裔中，都很少被提到。《印度往事》打破了这一传统障碍。”《印度往事》在南非、法国、德国、日本、马来西亚、中国、中东地区、英国和美国达到了 270 万美元的票房。

《印度往事》登上了英国“十佳电影排行榜”，之后又登上 BBC 的“人生必看的 50 部电影”榜单，位列第 14 位，而且是唯一一部上榜的印度电影。

《印度往事》最终迎来了它的巅峰时刻，就是作为奥斯卡最佳外语影片的官方选送作品。尽管人们不相信印度电影会获得提名，但是，阿米尔和阿素托史还是来到了洛杉矶，看着 600 位投票评审员观看了这部电影并最终做出决定。当《印度往事》获得提名的消息发布时，不可能变成了可能。《印度往事》进入了前五名，这是印度电影第三次获得这样的提名。

《印度往事》前无古人的成就也鼓舞着印度电影界，它的故事至今还影响着一些电影人，激励他们坚持突破印度电影和全球市场之间的隔阂。

在《午时日报》[①]的采访中，安尼尔·达卡将《印度往事》与奥斯卡失之交臂的原因归结为：《印度往事》所传达的内容，与美国“9·11 事件”所造成的气氛不合。“当你需要从五部优秀作品中选出一部时，就有各种各样的因素来干扰这个决定了。你要仰仗幸运之神的垂青，以及其他各种助力。你要在合适的时间拍合适的片子，以满足特定观众的心情。”

无论如何，《印度往事》为印度电影探索出了一条国际之路，在英国国家剧院，有观众问：“印度电影是否在开辟国际市场？”阿米尔回答：“世事都在变化，我个人认为，无论这部电影能否赢得世界观众的认可，我都很兴奋。

① 译者注：印度一家英文日报。

《印度往事》已经很棒了，但是如果有更广泛的认可，我当然会更高兴。我希望试一试，看看到底能否让一部印度电影在世界观众中掀起波澜。”

一个新纪元已然开启，《印度往事》精神长存。

这是一部罕见的电影，是一部可以不用夸张的表情，不用踩香蕉皮摔倒这样的笑料，就能让观众发笑的喜剧。影片中三位主人公的种种行为和反应都是真实不做作的。

——《印度教徒报》，2001 年

2000 年，在《谁想成为百万富翁》的排灯节[①]特别节目中，主持人阿米塔布·巴强迎来了特别嘉宾阿米尔·汗，他的滑稽的小胡子引起了整个印度的注意。他向巴强透露：这是他即将上映的影片中的形象。

又是一位初出茅庐的新导演邀请阿米尔出演他执导的第一部电影——讲述三个主人公之间的友谊，分别展示了三人的成长经历。而在当时，最叫座的电影是《君心复何似》《勇夺芳心》《印度拉贾》《边境战争》（1997）这些类型。这个新人导演的想法，看起来似乎有点与众不同，因为这部电影完全不涉及爱国主义，也没有失散的父母，或者虐心的爱情，爱情只是点缀而不是重点。

这位新人导演就是法尔汉·阿赫塔尔，这部电影就是《心归何处》（2001），由法尔汉亲自担任编剧。听了这个剧本，阿米尔当即决定出演。阿米尔对于电影的苛刻要求人尽皆知，这一行为足见他对于这部电影的信任，尤其是他在《印度往事》这一冒险之旅之后。

① 译者注：印度传统宗教节日。

虽然导演法尔汉的父亲贾弗德·卡塔和母亲哈尼·伊兰尼[①]在各自的领域都颇有名气，但法尔汉本人的能力还没有得到证明，即使他有一个非常不错的剧本，但尚无作品来证明自己。阿米尔却坚信这个剧本能成功。阿米尔最初想用英语拍摄，因为剧本就是用英语写作的。后来法尔汉还是决定使用印地语，毕竟印地语是印度最被认可的语言。

后来这部电影的其他演员说，正是剧本的清新感吸引了他们。和《印度往事》的紧张氛围完全不同，《心归何处》整体轻松愉快，这种影片相对而言更容易引起共鸣。而阿米尔也需要从《印度往事》中那种“核心人物”的状态，转变到与多人合作的工作状态。

对阿米尔来说，从《印度往事》到《心归何处》最大的变化是语言上的变化——从地域方言、乡村土话到城市潮语。阿米尔就这样从拉凡变成了拥有独特的小胡子和帅气发型的阿卡什。阿卡什的造型由导演妻子阿杜娜·阿赫塔尔所带领的专门的造型团队所打造。

如果说阿米尔为塑造拉凡这一形象改变了自己的肢体语言和说话方式，那么在《心归何处》中，他大大改变了自己的外在形象，而且这一形象陪他度过了很长一段“空窗期”[②]。如今，阿米尔经常会为角色创造新的造型，但是他从《大地1947》中的狄·那瓦兹变身为ACP拉索尔，再成为拉凡，继而又成为阿卡什，各种角色造型的转变在当时的影坛是独树一帜的。拉凡是一个真诚勇敢的角色，而阿米尔称阿卡什为“可爱、善良，又有点浅薄的人”；拉凡眼神坚定，阿卡什的目光却“闪烁、淘气、有些恶作剧意味的”；拉凡有完美的品格，而阿卡什是个性格有些缺陷，却极为讨人喜欢的家伙。

对阿米尔来说最重要的一点是，阿卡什与他塑造过的角色在很多方面截然

① 译者注：童星出身，编剧，后与贾弗德·卡塔离婚。

② 译者注：2002—2005年，阿米尔持续了三年的影视空窗期，这期间没有作品。

不同。“我需要清空我过去十年所积累的演艺经验。”在雷迪夫网 2001 年的一次采访中，阿米尔这样说道。

法尔汉刚开始想让阿米尔扮演希达德——三兄弟中最成熟深沉的一个。但是，阿米尔认为这个角色没有挑战性，因为他塑造过类似性格的角色。事实上，他认为连拉凡身上都有类似以往角色的特质。后来希达德由阿克夏耶・坎纳扮演，阿米尔则抱有一种挑战的执念塑造了阿卡什这个形象。他塑造的阿卡什，有点浅薄，但是富有热情，不是那种流氓无赖，而像一个生活在我们身边的小伙子。

法尔汉受传统印地语电影的影响甚少，阿米尔扮演阿卡什，也幸亏有他帮衬。法尔汉就像很多年前拍《灰飞烟灭》时的阿蒂特亚・巴塔查亚，努力在拍一部自己心目中的理想电影，并且是印地语电影界中史无前例的。当然，这两部电影的共同点也仅限于此。

阿卡什超越了阿米尔之前演过的所有角色的一点在于，这是一个日常生活中的普通人，有着普通人平常的一面以及阴暗的一面。

2001 年，《心归何处》一经上映，当即成为标新立异的代名词。阿米尔精心塑造的阿卡什形象，成为当时都市年轻人追捧的偶像，引来纷纷效仿。即使在七年之后，一些忠实粉丝还在在脸书等社交网站和论坛上讨论着该片，并且建立了《心归何处》的专属粉丝群。Orkut [①]的《心归何处》群始建于 2004 年，现在会员数量已超过 10 万人，而且还在持续增加。

就在《印度往事》横扫印度电影观众奖所有奖项的这年，《心归何处》获得了印度评论家奖的最佳影片奖，而这一奖项很少颁发给表现青年文化的标新立异的电影。本片是符合都市青年审美的先行之作，而这些都市青年，是在社会变迁中受西方影响成长起来的一代人。阿米尔在拍摄《印度往事》这样作品后，

① 译者注：谷歌旗下社交网站。

又能拍出一部反映年轻观众心声的电影，着实是开辟了电影界的一个新纪元。

《心归何处》在偏远乡镇并无反响，却成为各大城市当年最受欢迎的作品之一。这部电影最早诠释了印度电影的多元化，满足了城市观众对于复杂主题的需求。

回顾《印度往事》和《心归何处》的影响，阿米尔接受《卫报》采访时说："《印度往事》和《心归何处》的成功给了我很大动力，也告诉我们，印度电影可以拍出与众不同的风格。印度观众的需求在变化，他们渴望看到不同种类的电影。"

阿米尔在《印度往事》中成功塑造了拉凡，又在《心归何处》中拓宽戏路，再次实现了艺术成就和商业利益的双丰收。但是，这一切都不再是转瞬即逝的，因为在接下来的十年里，他用他每一部结合了专业品位和大众需求的佳作，续写着辉煌！

第七章 婚姻的变故

《印度往事》和《心归何处》在票房上取得了巨大成功，正当阿米尔的电影之路抵达巅峰时，三年的事业空窗期随之而来。“完美先生”阿米尔对电影的要求再高，也不可能主动三年不拍片。这三年也是他的私人生活遭遇困境的时期——阿米尔与芮娜分居了，他们的婚姻以离婚告终。

尽管外界对两人的分道扬镳议论纷纷，猜测质疑声一片，阿米尔和芮娜还是选择以高傲的方式保持沉默，拒绝成为公众焦点。有关他们婚姻破裂原因，见诸他们唯一的公开声明：“由于性格不合，产生了不可调和的分歧，婚姻已无法维系。”

双方虽然决定分开，曾经甜蜜爱情的破碎还是让他们心痛不已。阿米尔远离公众视线，停止了一切拍摄工作。再次投入工作时，已是两年之后了。在随后几年里，还时不时出现二人复合的新闻[①]，毕竟16年的相依相伴，让阿米尔和芮娜习惯了相互尊重，相互理解。

五年后，阿米尔的兄弟费萨尔遭受了精神疾病的困扰，阿米尔被指控虐待费萨尔，进而陷入了一场全民关注的诉讼战。这时，芮娜公开加入了支持前夫的阵营，她偕同儿子朱奈德和女儿艾拉参加了阿米尔电影的首映式。对二人关系持乐观态度的评论家们，还时常揣测阿米尔与芮娜关系的发展，因为阿米尔和芮娜仍然偶尔与子女共进午餐。

① 译者注：至今，芮娜依然与阿米尔一家保持着友好关系，经常参加其家庭活动。

2010 年 2 月，塔希尔 · 侯赛因心脏病发作去世，芮娜是第一时间赶赴侯赛因住所的家庭成员。阿米尔当时正在美国出席圣丹斯电影节，听闻消息后紧急赶回家中。在拉齐 · 萨瓦特的脱口秀上，针对主持人这方面的提问，阿米尔回应说："芮娜是我遇到的最好的人之一。但是，这不能类比到我们的婚姻关系上。"

一场失败婚姻所带来的伤痛感以及摇摆不定的关系也许会持续下去，但多年的相知相伴和彼此尊重，已经使他们如今的关系变得明媚而珍贵。与离婚后就剑拔弩张的怨侣相比，他们将坚固的友谊维持到现在。

回到正轨

阿米尔和基兰 · 拉奥最初的交集，出现在基兰以助理导演身份加入《印度往事》团队的时候。几年后，在一次采访中，阿米尔将基兰形容为"我见过的最好的助理导演之一"。

基兰毕业于孟买索菲亚大学，是大众传媒研究中心的一员。聪明过人的她，在从事电影工作之前，曾就读于新德里国立伊斯兰大学广告学专业。实际上，她当时只是印度电影业的门外汉，对印地语电影的认识也只是蜻蜓点水。2008 年，在《印度时报》的一次采访中，她叙述了《印度往事》制片过程中的难忘经历："《印度往事》制片组的一个朋友问我愿不愿意加入这个团队时，我想都没想就加入了。而在正式进组前，对印度电影知之甚少的我，还被要求看'人生必看的 10 部印地语电影'呢。"就这样，基兰看了 10 部印地语电影后加入了剧组，而这 10 部中有两部是阿米尔 · 汗主演的。

尽管相识的过程看上去富有戏剧性，但是两人的关系却是在阿米尔离婚之后的几年才稳步上升、越发亲密的。阿米尔在一次《印度时报》的采访中回忆道："在我人生中最艰难的时期，基兰走进了我的生活，然后一切都在这之后开始好转了。"

那个时候，甚至有一些小报讹传他们在伦敦秘密举行婚礼的消息。当阿米尔和基兰真正准备结婚时，为了不受打扰，刻意远离了媒体。2005 年 12 月 28 日，这对情侣终于步入了婚姻的殿堂。结婚典礼在阿米尔孟买的帕里山别墅举行，只有最亲密的家庭成员参加。然后是在潘恰格尼大酒店举行为期三天的庆典活动。

除此之外，在班加罗尔俱乐部美丽的草坪上，基兰举办了一场家庭酒会。一如她特有的优雅简约风格，基兰身着白色镶金边的纱丽[①]出席了接待会。这场接待会也没有邀请名人嘉宾，只接待亲朋好友。

婚礼、庆典、接待会……巨星阿米尔避开了媒体的闪光灯，只邀请亲朋好友见证了他们低调的婚礼。甚至有媒体把他们的结合戏称为"今年最神秘的事件"。大部分粉丝对阿米尔的选择都很支持，他们理解偶像将私生活和工作分开的心理，这是他们对其最高的尊重。

某知名印度电影业评论网站上，一位粉丝写下了对阿米尔社交关系的看法："我们生活在一个矛盾的世界里，在这里难以区分真相和传言。但是，阿米尔是一个好演员，这是无论如何都改变不了的事实。"这句话代表着很多印度观众的观点。

婚后，基兰一直远离媒体视线，但她对阿米尔生活的各个方面产生着影响。她经常同阿米尔参加家庭聚会、孩子们的生日会，以及电影首映礼等庆祝活动。

2007 年，阿米尔推出他的导演处女作《地球上的星星》，基兰成了阿米尔·汗

① 印度妇女的一种传统服装。

电影制作公司的一员。[①]在随后的采访中，提到自己与基兰的婚姻，阿米尔将其形容为一个真正的“合作伙伴关系”。基兰个性鲜明，对任何事情都保持着独立的观点。嫁给阿米尔之前，她小心谨慎地选择富有潜力的电影项目参与其中。《印度往事》拍摄结束后，她继续作为助理导演参与了《季风婚宴》(2001)，《婚姻》(2002)和《吾土吾民》(2004)的拍摄与制作。婚后，基兰开始了新的工作，以“游击战”方式，拍摄了一部低成本文艺片——《孟买日记》。[②]

阿米尔夫妇对电影制作有着极大的热忱，这是推动二人前进的主要力量。尽管他们对电影有着各自不同的见解——基兰追求电影的艺术魅力，而阿米尔更加注重电影的商业效益。他们不同的电影制作理念，影响着他们对拍摄影片的选择。

《印度时报》对阿米尔夫妇的采访，是关于二人工作状态的少数公开报道之一。基兰说：“我猜他已经改变了我。的确，我对电影的观念充满了理想主义，并对现实情况了解不足，例如，什么是决定电影成败的关键因素？是他使我了解了电影制作的更多内容，还让我明白了倾听的重要性。”提到基兰给他的生活带来的变化，阿米尔也津津乐道：“她的个性是如此积极、快乐、活泼，而快乐的确是会传染的，这对我影响很大。我们的关系就是这样从朋友开始的。”他接着说：“其实，我们是在以不同的方式影响着对方。也许对我来说，改变更多的是性格方面。而对她而言，更多的是专业层面的。”

若干年后，阿米尔和基兰承受了人生中最大的痛苦——2009年基兰流产了。当时，阿米尔的新电影正处于后期制作和宣发的关键时期，得知消息的阿米尔，立刻放下所有工作陪伴着基兰。后来，他们携手渡过了难关。当阿米尔回首2009年时，他对《人物》杂志说：“从事业上来说，我对去年比较满意，

① 译者注：阿米尔于2001年创建了该公司，主要从事电影的制作与发行。
② 译者注：2011年上映，由阿米尔·汗主演。

那也是基兰和我承受巨大痛苦的一年。但是，这就是生活。现在的我们已经调整好了。”

两年后，阿米尔和基兰通过代孕有了他们的第一个孩子。作为一个观念传统国家的公众人物，这是非常勇敢的一步，可以说是他的又一个突破性的举动。他们给儿子取名阿扎德·拉奥·汗，姓氏分别来自孩子的母亲和父亲。

无论生活给予他的是快乐，抑或是伤痛，阿米尔·汗都坦然接受了。他继续向前奔跑，不随波逐流的职业选择和个人生活，映射着他独特的人生信念。

第八章

电影改变国家

塑造角色时，我希望探知他的内心深处，一旦成功，其他的事情就水到渠成了。

——阿米尔谈论自己如何演电影，2006年

《抗暴英雄》是一部宝莱坞史诗般的鸿篇巨制，所有的战争场景，甚至歌舞场景，都非常宏大。影片利用大场面来宣扬英雄主义精神，银幕上的阿米尔·汗似乎让我们看到了埃罗尔·弗林[①]黄金时代的作品。

——《卫报》，2005年

阿米尔·汗完成了自我调整，再次重磅回归。回归后的他，每次都在荧屏上给观众带来全新的感受。这段时期他塑造的角色，无论在外形上还是性格上都非常立体。这些作品对于印度影业来说，都有着非同寻常的意义。诸如《抗暴英雄》（2005）和《芭萨提的颜色》（2006），其意义远远不限于电影。强大的叙事造就了这些杰出影片，使其成为同题材影视中的佼佼者。

对于《抗暴英雄》这个故事，其导演科泰·麦赫塔阐述其为以1857年印度第一次独立战争为背景的特殊历史故事：主人公莽卡·潘迪拒绝使用涂有牛油和猪油的子弹，奋起反抗，从而引起印度第一次抵抗大英帝国的独立战争。这个题材在十五年前就曾经由科泰搬上银幕，当时饰演莽卡·潘迪的是阿米塔

① 译者注：埃罗尔·弗林（1909—1959），澳大利亚著名演员，代表作《侠盗罗宾汉》。

布·巴强，那部电影在当时并不是很受欢迎。然而，科泰从来没有真正放弃过这一构思。后来，科泰这样解释他拍摄本片的原因："我认为，莽卡·潘迪是'自由的象征'。"

新的电影叙事方法，以及观众的全球化视野，都在90年代末对印度影坛产生着广泛影响。这对科泰来说是幸运的，因为他终于能够以一种新的形式，再次将这一题材搬上银幕了。从一开始，这就是一部面向印度观众和世界观众的电影，英国查尔斯王子还专门为本片担任了第一个镜头的场记。

科泰说："印度电影吸引全世界观众瞩目的时刻就要来到了。"从方方面面来看，阿米尔在《印度往事》之后选择这一作品非常合适，在获得全球范围的巨大反响之后，他将携此片再次重磅回归影坛。

阿米尔刚读到剧本的时候，就和科泰一样坚信这部电影能成功。阿米尔在采访中表示，这个剧本深深吸引了他，他将莽卡·潘迪形容成一个可以对人产生"终身影响"的人物。和科泰一样，阿米尔也认为，这部影片不仅仅是讲述莽卡个人的，目的也不单单是控诉以东印度公司为代表的英国殖民主义。莽卡·潘迪是一个对自由和独立有着深切渴望的人，阿米尔认为，这会使所有观众——无论任何信仰、性别、种族，都能被这个共同的主题所吸引，就像《印度往事》当年做到的那样。

从表面看，《抗暴英雄》和《印度往事》也有诸多相似之处。从拍摄规模来看，两部电影的场面都很宏大。在雷迪夫网的一次采访中，阿米尔阐述了这两部电影的不同之处："《印度往事》讲述的是人们如何使不可能成为可能，而《抗暴英雄》则诠释了自由这一概念。另外，我认为'国家'的概念是人为划分的，我更愿意相信能跨越国界而存在的主题，比如幸福和人道……《印度往事》是比较理想主义的英雄故事，有点像《高卢英雄传》[①]，而《抗暴英雄》

① 译者注：法国知名连环漫画，以高卢传奇英雄为题材创作。

讲述的则是一个历史上真实存在的故事。”

一部史诗之作的制作过程

科泰为了完成这个项目，组成了一支梦幻团队——本片的制片是鲍比·贝迪，他以往的作品都比较另类，包括《土匪女皇》（1994）、《爱火》（1996）、《火车开往巴基斯坦》（1998）、《婚姻》（2002）、《麦克白》（2004）等；编剧是法鲁克·唐迪，20 世纪 80 年代末，他曾担任英国第四电视台《跨文化运动》节目的策划人。科泰本人也有过很多非常成功的作品，例如《辣椒咖喱》（1985）、《赫罗·希拉拉尔》（1988）、《沙达尔》（1993）和《玛雅》（1993）。这样的优秀团队，为影片质量提供了强大的保障，而且确保了影片能够与国际接轨。

受到《印度往事》影响，这部电影的拍摄周期也长达大半年，而且前后转战了十个拍摄地点，从伯道迪到马哈拉施特拉邦，再到塔吉克斯坦。为了找到最适合拍摄的地势地貌，整个拍摄团队先后从极冷地区转战极热地区，又转到沙漠干旱地区。最终耗费四亿卢比完成了拍摄，成了当时印度拍摄成本最昂贵的电影，也使大家对它的期望非常高。

《抗暴英雄》完成制作时，就已经取代《印度往事》，成为印度历史上最宏大的电影作品。

莽卡·潘迪的崛起

阿米尔对这部电影可以说是百分之两百地专注。为了达到最贴近莽卡·潘迪的形象，他专门准备了一年半的时间。当时，阿米尔还是《心归何处》中的现代青年形象，而现在他需要变成《抗暴英雄》中的历史人物形象，也就是说要从现实生活中的阿卡什，变身成为有着崇高革命理想的民族英雄莽卡·潘迪。莽卡·潘迪的外形有很多特点，其中之一就是他的长发。阿米尔并没有选择戴假发，而是坚持将头发留长，同时还留了浓密的大胡子。他后来解释了这样做的原因："当你的头发真的有那么长的时候，人物的感觉也就自然而然地找到了。"也就是说，阿米尔不仅仅希望看起来像莽卡，更想通过形象上的贴近捕捉莽卡心理。拍摄结束后，为了防止某些桥段需要重拍，他没有马上改变造型。他在《心归何处》拍完后也是那样做的。

和《印度往事》中的拉凡一样，莽卡·潘迪也为着一个伟大的理想而奋斗着，最终实现了自我超越。阿米尔对两个人物做了明确的区分。在《印度教徒报》的一次采访中，阿米尔说："拉凡是一个保持冷静头脑的人物，而莽卡·潘迪则是暴脾气的'反叛头领'。"所以，他在饰演莽卡·潘迪的时候，需要随时保持着满腔怒火，使得一切好像暴风雨前的寂静般一触即发。如果说阿卡什的形象是慵懒而随意的，拉凡是笔直挺立的，那么莽卡·潘迪则可以用参天大树来形容了，那是一种超越生命的伟大。

当莽卡迈着坚定的步伐大步走向绞刑架时，他的眼神足以穿透每一个的观众的内心。阿米尔除了在人物外形上下足了功夫，还花了一年半的时间专门为扮演莽卡遍查资料。正是他的这些努力，使他塑造的角色与历史上的莽卡·潘迪严丝合缝。

拍摄期间，阿米尔对于完美的追求表露无遗。其中有一幕最为人称道——莽卡·潘迪坐在刚被英军烧杀的村落里沉思，地上尸体堆积、血流成河。拍摄时，阿米尔一个人坐着，这时，有一条眼镜蛇慢慢向他爬过去，然而，阿米尔一直保持着沉思的姿势，纹丝不动。其实，他不是没有看到那条蛇，而是身后的几栋木屋，因拍摄需要已经被点燃了，如果这时动了，就要重新来过。科泰也没有终止拍摄，那条蛇爬到阿米尔腿下时，才被人及时赶走。结束拍摄的一刻，所有在场的人都为阿米尔热烈鼓掌，掌声经久不息。

阿米尔就这样让自己变成了莽卡·潘迪。如果说《印度往事》是阿米尔作为制片人最伟大的成就，那么《抗暴英雄》则是阿米尔作为演员最伟大的成就。

抗暴英雄阿米尔

《抗暴英雄》是科泰和阿米尔的第二次合作，两人的第一次合作是二十多年前的《胡里节》。两大主创的二次聚首对于阿米尔来说也有特殊意义——二十多年前，他只是《胡里节》剧组20位演员中最普通的一位，但毋庸置疑，现在的他则是《抗暴英雄》剧组里最耀眼的明星。这一次，是阿米尔的介入稳定了原本对这部历史题材电影心存疑虑的投资人们。

科泰在《普佳秀》的一期节目中，与观众分享了阿米尔这二十年的成长："当时[①]，他还是个学生，是个乳臭未干的孩子。现在的他俨然是一位巨星了。二十年了，他自然有了很大变化，也成长了很多。但是，他眼中闪耀着的光芒还是和以前一样，他散发出来的那种人格魅力也一点儿没变。"科泰·麦赫塔后来在《印度教徒报》的一次采访中，又提到了阿米尔："他能够在自己事业已经处于顶峰的时候，花两年半时间来沉淀自己，筹备这样一部电影，我们作为导演和观众，又有何求？他的这种专注力简直太难得了！"

阿米尔和科泰的合作关系之所以好，也许是因为这部电影凝注着两个人共同的心血。科泰·麦赫塔在《普佳秀》上说："我们一起在这个项目上花了很

① 译者注：《胡里节》拍摄时期。

长时间。从剧本写作到电影拍摄，整个过程都是我们两个人思维的碰撞。如果不是这样，这部电影绝对拍不出来。”

拍摄《胡里节》时，阿米尔和科泰的交流比较有限。而在《抗暴英雄》中，阿米尔除了扮演主角之外，还参与了整部电影的拍摄和制作，给予了科泰全方位的帮助——选角、镜头设计、和演员讲戏、剧务管理、组织娱乐活动、歌舞和配音……总之，方方面面都有他的努力。和《印度往事》一样，即使在艰难的拍摄环境中，阿米尔也坚持用自己的歌舞表演来娱乐整个团队。

《抗暴英雄》中女二号的扮演者艾梅莎·帕泰尔对阿米尔的评价，和《大地 1947》的女主南蒂塔·达斯之前对他的评价如出一辙：“阿米尔参与到电影制作的每个方面，但是我们不应该把这种参与误解为干涉。科泰·麦赫塔是这部电影的导演，他是掌舵的船长，阿米尔只是协助他照顾全局罢了。”

正是阿米尔对影片的高度参与，才使得他的每一部电影都能给我们带来全新的感受，这也是其他演员所不具备的。阿米尔早已不仅仅是演员，更是全能的电影人，幕后的所有环节都有他的身影，就像本片制片人鲍比·贝迪所说的：对于电影人来说，和阿米尔合作是“最经济的选择”。

全球反响

这是阿米尔三年后再度出山的首作，金奈市的观众甚至提前六个月就为它设置了固定的海报宣传架。阿米尔也为影片的后期宣传做出了努力，他专门在 MSN 上建立了《抗暴英雄》专用博客，以发布拍摄过程中的照片，方便与粉丝直接交流，并听取他们的建议。

最能直接说明《抗暴英雄》巨大社会影响的，大概就是著名的阿姆乳制品公司[①]的广告了，他们的广告被称为“印度流行元素的晴雨表”。《抗暴英雄》上映之际，阿姆公司推出了相应的广告宣传画：阿姆娃娃穿着殖民时期的印度军装，留着莽卡式的长发和大胡子，宣传口号是：“让黄油来得更猛烈些吧！切片蛋糕”。[②]由此可见，这部电影已经成了全国的焦点。

作为印度少有的大规模史诗级影片，《抗暴英雄》也引起了一些国际上的关注。尤其是阿米尔依靠《印度往事》，已经建立起强大的国际知名度，而且科泰·麦赫塔和鲍比·贝迪在全球市场方面也有一些经验。

这部电影让西方演员充当正面角色与男主角密切配合，这在整个印度电影史上是头一遭。影片虽然讲述的是莽卡·潘迪的故事，但是莽卡·潘迪和威廉·戈登上尉之间的友谊绝对是最重要的一个线索。托比·斯蒂芬斯[③]（威廉的扮演者）就和此前《印度往事》的演员一样，为了扮演威廉·戈登上尉这个角色，专门学习了印地语。在优秀的剧本以及托比的精彩表演的烘托下，威廉·戈登这个角色看起来绝不是对殖民主义的嘲弄，而是真真正正有血有肉的人物。这一点对于印度电影来说，也是一大进步。

和很多电影一样，这部影片的语言也是印地语加英语，不过难得的是，该片在两种语言中的转换极其自然。

《时光》杂志在该片上映的时候，特意采访了阿米尔。后来，这部电影又成了瑞士洛迦诺电影节的开幕影片，这是印度电影第一次作为国际电影节的开幕影片。最终，《抗暴英雄》获得了洛迦诺电影节的评审团特别奖。

这部电影所得到的国际评价褒贬不一。在英国，《卫报》对这部电影大加

① 译者注：阿姆乳制品公司始建于1946年，早于印度独立。该公司宣传所用的广告形象阿姆娃娃，会根据当下热点变换造型，是印度社会发展的一个缩影。

② 译者注：《抗暴英雄》的英文原名是“*Mangal Pandey: The Rising*”，阿姆公司的广告将其稍作修改为“Makhan Aan De: The Slicing”。

③ 译者注：曾在《择日而亡》中出演反面角色。

赞赏，而《每日邮报》却讽刺它不尊重事实，对于英国东印度公司刻画得不够客观，没有说服力。《好莱坞记者报》对此的态度是：《抗暴英雄》可以算得上印度版《勇敢的心》。[①]尽管《抗暴英雄》的整个制作过程完全没有受《勇敢的心》的影响，但是这一评价也不无道理。两部电影都是大规模的史诗巨作，而且描写的人物也都是为独立而斗争的。

阿米尔和托比的精彩演绎则获得了广泛好评，在狄·那瓦兹和拉凡之后，阿米尔又塑造了一个具有国际影响力的人物形象。

在印度，有很多人认为《抗暴英雄》收益不佳，其实不然，影片在上映第一周，票房成绩一直是榜上有名的，后几周收益才逐渐减少。在 2005 年的年度票房总结中，这部影片的票房绝对不算失败。这一点恰恰证实了阿米尔对于媒体报道的看法，他认为，正是因为媒体的不实报道，让很多观众以为这部电影是票房灾难，甚至使一部分印度观众丧失了观影兴趣。[②]

在印度国内，粉丝们很高兴看到阿米尔的新作。Orkut 上的粉丝群甚至将阿米尔在影片中的演技与从前的表现进行汇总分析："DJ……瑞汗……ACP 拉索尔……拉凡……莽卡……阿卡什……他简直就是个美丽的万花筒。"

2005 年 8 月 16 日，印度独立日的后一天，也是这部电影上映后不久，阿米尔在《抗暴英雄》的官方博客上给粉丝们留言说："在这个特殊的日子里，我希望告诉观众：请好好审视你自己，找到你不满意自己的地方并努力改正。如果我们每个人都努力让自己变得更好，那我们的国家会随之变得越来越好。这就是我们能为国家做的。"

相信尽每个人的微薄之力，可以改变一个国家。正是在这样的信念的鼓舞下，阿米尔才能够用三年时间，为我们奉献出《抗暴英雄》这样的一部好电影。

---

① 译者注：1995 年好莱坞史诗级巨作，以 13 世纪第一次苏格兰独立战争为背景。
② 译者注：《抗暴英雄》的拍摄成本是 3.8 亿卢比，票房收益是 3.875 亿卢比。

在宝莱坞，《芭萨提的颜色》这种类型的影片非常罕见，它较少借助音乐，却包含了浪漫、历史、社会问题多种元素。这种高水准的制作，将印地语电影提升到了一个新高度。

——BBC，2006 年

我首先是一个演员，以演戏和娱乐大众为业。在此基础上，我会通过电影传达我想要表达的东西。其实，我认为这是每一个印度公民的责任，对于社会问题，不仅仅是演员，每个人都应该把自己的看法通过某种途径表达出来。

——阿米尔·汗接受《孟买访谈》采访，2007 年

如果说“革命”的主题在《抗暴英雄》中已经初见端倪的话，那么《芭萨提的颜色》就将这一主题推到了一个新的高度。《芭萨提的颜色》在一些国家的译名是《 涂上黄色》，因为黄色在印度意味着爱国，意味着牺牲。

电影讲述了这样一个故事：一位青年电影人苏，从英国来到印度，目的是拍摄一部以印度独立运动为题材的纪录片。这场运动由巴格特·辛格（由剧中人卡兰饰演）、钱德拉塞卡·阿扎德 （由剧中 DJ 饰演）、施瓦拉姆·拉吉古鲁（由剧中苏饰演）、阿施法库拉·汗（由剧中阿斯拉姆饰演）和拉姆帕萨德·比斯米尔（由剧中拉谢曼饰演）领导。苏来到了一所大学，号召一群年轻人加入

了纪录片的拍摄。在拍摄的过程中，年轻人由迷失自我，慢慢明确了自身价值。同时，他们发现了社会存在的问题，最终选择不再逃避，决定用自己的力量来改变这个社会。

就像《冷暖人间》《心归何处》等具有指引影坛发展方向的电影一样，《芭萨提的颜色》也道出了当时很多青年的心声。不过，与阿米尔之前很多作品中“青春至上”的电影主题不同，这部戏中，“浪漫”是为“革命”让路的。然而，由于比较尖锐地触及了社会阴暗面，所以这部电影能否成功在当时是个问号。阿米尔在一次采访中承认：“我听到这个剧本的时候就非常喜欢，只是我不确定它能不能行得通。”尽管有些怀疑，阿米尔仍难掩对剧本的兴趣。除了犀利的选材，这部电影的票房隐患也不止一处，尤其是它使用了戏中戏的复杂叙事形式，安排了时间上的古今转换。

但是，阿米尔一旦下定决心，十头牛也拉不回来。阿米尔的坚持，在导演拉凯什·奥姆普拉卡西·梅赫拉看来，是对电影拍摄的一大助力。在雷迪夫网的一次采访中，拉凯什说：“一旦阿米尔·汗决定参演你的电影，那你距离梦想成真就更近一步了。通往梦想的大门一扇扇打开，有着太多的可能性，因为凭借他的实力和号召力，基本上就可以说是保证了票房了。”

就像从前很多次一样，阿米尔又加盟了一部突破传统的影片。对于阿米尔的表演来说，这也意味着要从《抗暴英雄》中的历史背景中转移出来，变身为《芭萨提的颜色》中的现代形象。最明显的当然是他形象上的变化了：发型师阿万·康特拉库特将他从莽卡·潘迪威武的长发大胡子形象，变成了都市气息十足的小卷毛儿，阿米尔就这样变身成为《芭萨提的颜色》中 DJ（全名道吉特·辛格）。此片的服装设计师阿伦·巴辛曾在《心归何处》中和阿米尔合作过，这次，阿伦给他增加了一些体现人物年轻叛逆的标志，例如：拉风的摩托车，充分张扬着青春活力……阿伦本着 DJ 个性张扬这一特点，为阿米尔量身设计服装。为了看起来更年轻，阿米尔还特意减重10公斤——因为这个角色至少要比他本身的年龄年轻十岁。

作为一个演员，阿米尔在角色塑造上的转变才是最值得一提的。这几乎也是他近几年来坚持的路线，从《印度往事》到《心归何处》，从《抗暴英雄》再到《芭萨提的颜色》，他一直在变化。本片的编剧卡姆莱什·潘迪在接受广播采访时说："阿米尔有着超强的适应能力，没一个角色或团队是他适应不了的，这一点众所周知。"

和阿米尔演对手戏的，是英国女演员爱丽丝·彭，她饰演纪录片的拍摄者苏·麦金利。爱丽丝并不是著名的演员，但她是最后一任英国驻香港总督彭定康的女儿，这是尽人皆知的，她的加入也为该片增加了一些国际影响。谈到和阿米尔的合作经历，爱丽丝告诉BBC："我之前就知道他非常有名，我也看过他的《印度往事》。但从没想过和他合作会怎么样。有时候，只有从别人嘴里听到一个人如何如何有名，你才能意识到这一点。剧组每个人都非常尊敬阿米尔，包括年轻的演员们。他热心友爱、宽容大度，还很有幽默感。他就是这样一个真诚的人，一旦开始工作，就会特别投入和努力。"

整个团队投入了长达六个月的拍摄，最初的拍摄带有排练成分，也给了大家一个熟悉剧本的过程。阿米尔这次又面临着一项特殊的挑战——拍摄《印度往事》时，他学习了阿瓦迪方言，这一次，为了《芭萨提的颜色》，他又得学习旁遮比方言了。此外，阿米尔的戏剧表现力极强，在一次主题音乐的拍摄过程中，阿米尔不顾刚有好转的腿伤，大跳彭戈拉舞。在另一场戏中，阿米尔需要骑在奔跑的马背上，突然松开缰绳挥舞双臂，就是为了更好地展现DJ无拘无束的青春活力。

六个月后，电影即将上映。制片方迎来的不是鲜花和掌声，却是接踵而至的噩梦一般的政治质疑。野生动物保护协会指责该片违背了马的意愿而使用了它们，印度国防协会则因电影中涉及的 MIG-21 战斗机坠毁事件而反对此片。好在本片的票房表现极佳，算是对这些负面影响的补偿。《幻影车神》和《印度先生》两部商业大片同年上映的背景下，《芭萨提的颜色》不仅做到了激发年轻人的思考，也兼顾了商业利益——它成功登上 2006 年印度票房榜首的位置。《芭萨提的颜色》所获得的艺术反响也很高，摘取了当年几乎所有的印度电影观众奖奖项，阿米尔的表现也使他获得了印度电影观众最佳表演奖。此外，本片在国内的巨大影响也使它获封国家电影奖最受欢迎电影称号。

制作团队也没有想到，这部电影的影响会如此广泛。事实证明，《芭萨提的颜色》激起了大多数观众的共鸣。Orkut 和脸书上，阿米尔的粉丝每天坚持为《芭萨提的颜色》投票，因为这是他们“最喜欢的阿米尔·汗电影”。

《芭萨提的颜色》激起了观众们的共鸣，最终击败了《黑道大佬和平梦》，成为当年印度申请奥斯卡最佳外国语奖的官推影片。不过，对于西方而言，本片传递的思想已经不新鲜了，所以没有引起海外观众的普遍共鸣，因此并未获得奥斯卡提名。

尽管如此，《芭萨提的颜色》还是产生了较大的国际影响，它与《回归》[①]《潘神的迷宫》[②]《启示》[③]一起被提名英国影视学院奖的最佳外语片奖，而这三部影片的国际影响力也同样不容小觑。

更重要的是，《芭萨提的颜色》的影响力持续时间可达十年之久。随后的诸多为改革和正义疾呼的青年运动都援引了电影中的精神。影片中最著名的莫

① 译者注：2006 年西班牙电影，获得奥斯卡最佳女主角奖、英国影视学院奖最佳外国语奖、戛纳最佳女主角等多项国际奖项。

② 译者注：2006 年墨西哥电影，获得奥斯卡最佳摄影奖、最佳化妆奖、最佳艺术指导奖。

③ 译者注：2006 年美国影片，是一部犹加敦玛雅语电影。

过于烛光示威那一幕。后来，震惊印度的“杰西卡·拉尔谋杀案”[1]发生时，成千上万的示威群众就选择以这样的方式来表达抗议 。[2]

2008 年 11 月，孟买发生恐怖袭击，此后，印度修订了原有的《反示威游行法令》。而推动这一变革的，就是这部电影。NGO Janagraha [3]提出修改法令的议案，在 2008—2009 年共获得了来自 35 个大城市的 10 亿赞成票。

这些都是被《芭萨提的颜色》精神激励着的事例，这是一部可以改变社会的电影，在印度电影史上同样具有里程碑意义。

阿米尔也因为此片再次成为年轻人的偶像，他本人也开始积极参与到社会问题的探讨以及改革中去，这在印度电影界称得上独树一帜。

2006 年 4 月，午后的太阳无情地炙烤着简塔·曼塔的抗议者们。他们勇敢面对着骄阳，不愿离开，其中的领袖已经绝食十五天了。政府要在古吉拉特邦纳尔马达河上修建大坝，为此，房屋和土地将要被淹没，抗议的人群誓要为流离失所的农民抗争到底。抗议的影响并不大，似乎全印度都已经遗忘了他们。突然，一个不寻常的声音冒了出来，循声望去，有一个人和抗议人群站在了一起，他就是阿米尔·汗。阿米尔加入了简塔·曼塔抗议者的行列，还专门为了他们当面向总统请愿。

麻烦接踵而至，在古吉拉特邦，邦政府强制撤下阿米尔·汗的新片，并强迫他道歉。阿米尔·汗没有屈服，在《头条》对他进行的采访中，他进行了反击：“我为什么要道歉？我只是要求人民得到妥善安置，这也只是在重复最高法院

① 译者注：“杰西卡·拉尔谋杀案”——模特杰西卡由于拒绝为印度政府某部长的儿子侍酒而被其枪杀，本来极其明了的案件却经过了长达 7 年的审判。最终公正占了上风，经过多次重审，杀人犯于 2006 年被判终身监禁。

② 译者注：此案件后被改编成电影《没人会杀杰西卡》，由印度著名女星薇迪亚主演。其中确实有《芭萨提的颜色》和烛光示威的桥段。

③ 译者注：印度某党派。

的宣判罢了。人民没有表达观点的权利吗？人民没有言论自由而不受攻击的权利吗？对我的攻击不是来自人民，也不是来自电影业界，居然是来自政党。”[①]

有些人觉得，阿米尔被电影《芭萨提的颜色》洗脑了，简直是入戏太深。其实，只要有令他震撼的民生问题，阿米尔就会站出来说公道话，这已经不是第一次了。当阿米尔·汗还是影坛新星时，他的家乡孟买发生了公共暴乱，部分城市被烧毁，很多学校被迫停课。而年轻人却在空地上打板球，好像什么都没发生过一样。阿米尔·汗不但公开反对暴力，还责备这种事不关己的态度极为幼稚轻率。在他公开发表的言论中，言辞最激烈的一次是：“作为这样的青年人的偶像，我深感羞耻。”

2007年之后，很多倡议组织找到阿米尔，请求他的声援，阿米尔·汗也依然愿意伸出援手。

与此同时，阿米尔·汗还是2009年“地球一小时”、旅游部“不可思议的印度”以及印度时报“引领印度创造”的形象代言人。2009年，印度全国大选前夕，民主改革联盟在全国范围内鼓励人民行使选举权，阿米尔·汗作为公众人物，也呼吁人们踊跃参加选举。除了手机短信的形式外，该活动的广告短片、印刷广告，以及网络广告也广为流传。

阿米尔把这些活动看作履行社会责任的一部分，从不索取报酬。为民主改革同盟活动宣传时，阿米尔·汗制片公司甚至还揽下了拍摄短片的花销。

阿米尔·汗还支持非政府组织阿坎沙，这个组织旨在通过“教育印度”计划，让印度科技学院和印度管理学院[②]的学生到地方学校支教。阿米尔还应邀来到了这两所大学，鼓励学生参与到这项活动中来。没有人比这位年轻人的偶

① 译者注：该政党对阿米尔的攻击异常激烈，他们组织党棍，举行示威，抵制阿米尔，烧毁其照片以及新片海报。

② 译者注：IIT和IIM，都是印度国内优秀的大学。

像更有号召力了。2009 年，希拉里·克林顿访问印度，在孟买圣沙威尔大学举办教育峰会讨论教育的重要性，与她共同作为嘉宾的就是阿米尔·汗。即使他觉得自己不需要什么学位，但是他始终坚信教育的价值。

尽管有些人认为，阿米尔习惯与现实和常理作对，然而，事实是他做的一切都只是听从内心的想法罢了。就像他参加 2008 年北京奥林匹克运动会火炬传递一样，他就是在反对那些抵制北京奥运会的人。由于当年奥运会是由中国举办的，印度足球教练拜出昂·布提阿公开表示拒绝传递火炬，以表示自己的不满。当有这样的舆论导向时，阿米尔与其他火炬手就站在了聚光灯下。

阿米尔在自己的博客上写道："我认为奥运会不是中国一个国家的活动。如果要找一个不存在任何瑕疵的国家来举办奥运会的话，我怀疑在地球上根本就找不到。"

2008 年，孟买遭受一系列恐怖袭击，人们坐在电视前面，恐慌而无助。阿米尔加入了他们，在博客上对恐怖袭击事件做出了回应："震惊、心碎、无助、愤怒"，当然，他并没有忘了提醒人们："恐怖分子不是印度教徒，不是穆斯林，也不是基督教徒。他们绝对不会是真正拥有信仰的人，而是一群堕入深渊、狂热病态的人，他们将会自取灭亡。"

当一个城市沉浸在巨大悲痛中时，他是少数能保持理智的声音之一。

2011 年，社会活动家安纳·哈扎雷的反腐运动席卷了全国，甚至迫使印度议会陷入停滞。阿米尔·汗又做出了惊人之举——在安纳·哈扎雷绝食期间，他来到了德里拉姆里拉·麦丹体育场见他。虽然有时，在这里的公共演讲会有些极端，但是阿米尔自始至终保持理智。在全印度的注视下，阿米尔·汗没有回避，而是公开支持安纳团队提出的反腐草案。他也提醒年轻的示威者，一定要遵守民主的原则。由于深受印度青年一代的敬仰，阿米尔的言论变得举足轻重。

他每次的发言都不只是说说而已，而是代表了他一直以来的立场。2009年印度大选期间，阿米尔·汗身在加拿大，为此他专门坐了16个小时飞机回来投上了他的选票，表示对印度的政治系统有信心。DNA新闻采访他时，他表示愿意参与到政治系统中去，不过是以一个选民的身份。

正如他曾经在博客上说的那样：“如果我们每个人都尝试着让自己变得更好，那我们的国家就会变得更好。这就是我们能为国家做的。”

事实证明，他也的确这样做了。作为演员，他时刻准备着成为推动印度社会进步变革的人。

改变社会的剧本

阿米尔的电影制作团队屡屡颠覆电影界，引发社会变革。那么，在这个团队里工作是一种怎么样的体验呢？《芭萨提的颜色的 》制片人罗尼·斯古瓦拉和我们分享了他的经验——

罗尼·斯古瓦拉：

我当初之所以对《芭萨提的颜色》感兴趣，主要是剧本精彩，导演的构思好，再加上阿米尔的推荐。这部片子的拍摄手法以及剧情都与众不同，我对此顾虑重重。比如，剧本涉及民族英雄巴格特·辛格，而他在前一年的三部电影中都出现过。没有浪漫的感情戏，并且所有的英雄都以牺牲告终。此外，本片有30%的内容通过闪回手法拍摄，这对印度观众而言是非常陌生的。所以，这的确是一部超越时代的电影。

然而，这部电影上映后却引起了轰动。它打破了印地语电影的魔咒，用事实证明，单纯的故事片也可以获得巨大的商业成功。这部电影重新定义了“青春”的意义。更重要的是，它对整个社会产生了广泛的影响。说到阿米尔在影片制作过程的作用，我必须要说：他为了这部电影可说是尽心尽力，总是在关键时刻提供帮助，自始至终支持导演的工作。当这部电影差一点遭到禁播时，是阿米尔的坚守和热情鼓舞了整个团队！

阿米尔对于本片最重大的意义在于他百分百的投入和他的完美主义精神。他又是那样的谦逊温和，真希望全世界都知道这一点。此外，他只需要问几个极其简单天真的问题，就能将万分复杂的问题搞清楚。说到这里——我知道他能在 20 秒之内解开魔方。

来自各方的评价

上映前，这曾是一部遭人质疑的电影，导演拉凯什·奥姆普拉卡西·梅赫拉将告诉我们他是如何将一个想法变成电影的。

拉凯什·奥姆普拉卡西·梅赫拉：

我怎么看《芭萨提的颜色》对电影界的影响？其实你拍电影的初衷就是想讲清楚一个故事，其他高深的理论和目标都是后来才有的。《芭萨提的颜色》成了人们推崇的经典，影响延续至今，甚至有一些 BBC 的民意调查，将它列为印度第三伟大的影片。它的 DVD 版也确实是印度电影史上发行量最高的。

然而，影片的拍摄却算不上一帆风顺。刚开始筹备的三年里，我们没有钱，只能拼命赶进度；动物保护协会和印度空军，在影片上映的前五天突然来找我们的麻烦；继而，国防部下禁令。我本人并不想介入纷争，只是希望《芭萨提的颜色》能够鼓舞印度人民像电影里的英雄一样，勇敢走上街头，为正义疾呼。

后来，在一次抗议活动中，示威的医生一边游行，一边就在大街上放映此片。在“杰西卡·拉尔谋杀案”发生后，民众模仿了电影中印度门[①]烛光游行，而此前，这并不是印度的传统。

时至今日，我在周游世界时，仍会听人说起他们和《芭萨提的颜色》的种种渊源。影片获得了悉尼电影节最佳影片奖，这也是印度电影第一次获得英国影视学院奖提名。我在美国中西部大学和密歇根大学与学生们一起观看过该片，他们不但看了，还专门表演了这部电影中的歌舞。表演专业的学生在《芭萨提的颜色》的启发下，甚至拍出了七八部短剧，以此展示他们的反抗精神。

这是一部你没法做定义的电影，我不能简单地评价它“武打很精彩”，或“爱情故事很美”，因为它既不是伟大的爱情电影，也不是像《怒焰骄阳》那样的动作戏，也不是《卧莫儿大帝》那样的古装剧，更不是像《印度母亲》一样的纯社会问题剧。这部电影就是通过它自己的方式，展示其独有的内容。很少有电影能如此有感召力，很少有电影能制作得如此与众不同。在公众的压力下，印度国会经过特议，让高级法院重新开庭，解禁了这部影片。经历了如此多的曲折后，这部电影对我们的意义就更加重大了。

这部影片所经历的重重困难是否有因可循呢？我认为不是事事都可做解释的。人们无法解释生活，就像你无法解释一个女人的美貌。我觉得这部影片的精髓就在于它非常凄美，整个团队都非常喜欢这一点，并将全部心血投入其中。团队中，没人想到它一定会成功，但是也没有人怕吃苦，没人半途而废。我们确实也曾为担心经费而削减过开支，那是因为我们实在不知道此片的市场前景如何。我归还了作为导演的薪酬，成了半个制片人，也就是为了拍这部电影，我分文未取。我们就是这样竭尽所能地运用智慧，为这部电影保驾护航。那时每个人都说：“别拍巴格特·辛格的片子。”在此之前一年，已经有过三

① 译者注：位于孟买，酷似法国的凯旋门，是印度的标志性建筑。

部同题材影片，票房都很惨淡。

正是我们这股子信念和热情，通过影片传递给了观众。这部电影取材于真实故事，虽有演绎成分，却没有过于夸张。比如影片中，年轻飞行员们因 MIG 战斗机而牺牲，这确实是曾经发生过的历史事件。如今的年轻人正处在苦于找不到人生的方向的时刻，所以他们能从这些真实感十足的场景中找到共鸣。

这部电影没有大讲英雄主义，我们并没有安排什么两米多高的英雄角色。片中人物也会与心中的恶魔战斗，也可能是常人眼中的“恶棍”。这正是本片的魅力所在，年轻的主人公们，其实是在和自己的惯性思维做斗争。

《印度时报》用两句话总结这部影片：“人生有两种活法：一种是忍受现有的定式，另一种是担负起责任，奋起改变。”《芭萨提的颜色》讲述的就是这个道理。我邀请阿米尔出演时，发给过他关于角色的短信，写的就是这两句话。

拍摄过程非常艰难。我不得不与之前的几位制片人解约，因为他们不遵守约定。我当时真的可以说是穷困潦倒，甚至不确定要不要继续下去。就在我最迷茫无助的时候，阿米尔把那条短信又转发给了我：“人生有两种活法：一种，是忍受现有的定式，另一种，就是担负起责任，奋起改变……永远也不要害怕。”这给了我莫大的勇气。

如果没有阿米尔，《芭萨提的颜色》只会是一部被尘封的影片。从很多角度来看，它都不像会大卖的样子——既缺乏浪漫，也没有暴力，只是讲了一个有政治色彩的故事，几个主人公最后还被杀了。在现在看起来，这个故事似乎很吸引人，那是因为人们已经见证了它的成功。其实，这本是一个谁也不愿意染指的故事。开拍之前，我曾经带着这个剧本四处奔走，找过很多演员，但是他们都不理解、不支持。只有阿米尔相信，还把他个人对这个故事的观点与我分享。一般来说，演员都不太想超出常规，走出“舒适区”。然而，阿米尔可不像那些目光短浅的人，他的包容铸就了他的伟大。他首先是一个善良的人，然后才是顶尖的演员。

我为什么要选择阿米尔出演《芭萨提的颜色》呢？是因为他的眼睛，如果我没记错的话。毋庸置疑，他是非常棒的演员和超级明星，但是，这些理由都不是我选择他的理由。我认为，阿米尔最吸引我的就是他的眼睛。日常生活中，他的眼睛就看起来特别调皮，看起来好像永远在期待什么似的。他总能完美地控制眼角的每一根神经、每一块肌肉，恰到好处地表现出角色情绪。正因如此，我相信他定会为这个万分真诚的角色增色不少。

我不是什么智者，也不是先知，只是凭直觉选角。我就是喜欢阿米尔的演技，没有办法从理论上解释。你对于很多人和事的态度，不就是简单地喜欢或者不喜欢吗？

那时，我和阿米尔还不认识。所以，我先给他发了一条短信，简要地作了自我介绍。我告诉他我曾经拍过的电影。现在有一个剧本，想让他听一下。20分钟后，我就收到了他的回复："我现在人在伦敦，3号回来，那时我们可以见面。"

我不记得是在4号还是5号了，我开始有点着急，又给他发了一条短信："既然你已经回来了，我们可以见一面吗？"又是20分钟之后，他回复道："是的，我的确回来了。只是现在不太方便。我们可以就这样交流吗？"

大概过了十几天，他完全安顿好了，我应邀来到他的办公室。他问我："你觉得怎样更好？是把剧本给我看呢，还是读给我听？"我回答："悉听尊便。"他告诉我："还是你来决定吧。"

然后我又问他："你有多长时间？"他说："这个得看你的进度，如果你可以在15分钟内完成，那就15分钟，如果你要一整天，也没问题，我就在这里，听你安排。"就这样，阿米尔从一开始见面就让我放松了下来。

我用了三小时时间，读完了整个剧本。其实，在我读完之前，我们俩彼此的感觉已经很好了。然后，他告诉我他没看过我的电影，我在第二天马上为他安排了一场放映。他看完之后就说："我被你说服了。我很喜欢你的剧本，也喜欢你的叙事角度和拍摄方法，我们开始吧！"

最初，这部影片除了我之外，还有两个制片人，我也把他们介绍给了阿米尔。后来没有合作成功，我又从伦敦请回了我最信任的一个制片人，然后组建了一个特别优秀的团队。接着我们又面临演员档期的问题。[①]阿米尔当时顶着很大的压力，因为他此前签的《为爱毁灭》即将开机。从当时的情况来看，他也只能先去拍《为爱毁灭》，然后再回来接着拍《芭萨提的颜色》。不过，我们最后还是决定，一定要先完成《芭萨提的颜色》。我们就这样坚持了下来，从8月拍到次年2月。直到拍摄结束的那天，我们长达4年的构思才算真正完成。

我给他读剧本时，《抗暴英雄》还没上映。《抗暴英雄》上映之后，阿米尔和团队马上进入了拍摄《芭萨提的颜色》的状态。我们唯一发愁的是资金不到位，所幸，在正式开拍前一个月，我们从新的联合制片人处拿到了资金。

集齐《芭萨提的颜色》剧组其他成员的过程非常顺利，我们只需走到和我们有相同理念的人面前，告诉他们这部影片的拍摄计划，他们就会像天上掉馅饼似的欢欣雀跃。他们每个人都和我们一样疯狂。

而另一位主角 A.R. 拉曼加盟这部影片的故事，其实可以追溯到三年前。我们曾经满世界地讨论这部电影的构思，他甚至用他老化的设备为我作了曲。那些曲子现在还保存在我的笔记本里。

我曾经邀请巴松·乔什[②]为本片的歌曲作词，没想到他落笔千言，竟然写下了一首长达十页的诗歌！我很感动，也实在是很犯难，该怎么告诉他我们不能放一首25分钟的插曲？那首诗歌的每一个词都是那么美，我们实在舍不得

① 译者注：可能因为拍摄过程中变数太多，拍摄周期延长，和演员们之前签的其他片约冲突了。

② 译者注：印度作家，诗人。

去掉任何一节。

再说回到阿米尔。如果你向他要30天时间，他会直接给你六个月。他会说："别担心我，我一直在这儿。"当我们把拍摄计划安排都非常紧张的时候，他就会问我："用不用改一改计划？我们可以拍到下个月的，别担心，我可以等。"

当很多事情超出你的控制范围，你就会有种"破罐子破摔"的冲动，虽然这听起来很疯狂，但却是很多人失控时的正常反应。然而，不管什么时候，我只要刚有沮丧的苗头，阿米尔就会过来阻止我。他在成为巨星之前，也曾经历过类似的困境，所以他很能理解情绪上有点反复无常的我。他早就在我之前想好了应对之策，比如，他和整个剧组商量，延长十天的拍摄时间。他的存在，让整个团队变得更有凝聚力。

通常情况下，导演只要说收工，所有人就都"各回各家，各找各妈"了，尤其是演员们。阿米尔则不然，在将近9个月的时间里，他都和我们在同一房间里吃饭。他这样做一天，是装装样子，做9个月，就是一种植根于基因中的本性了。

通过阿米尔，我懂得了无私的真正含义。一般来说，像他这个层次的艺术家，经常会自视甚高，不可一世。但在我们剧组根本不存在这种情况，我们不仅仅要拍成一部电影，还应该和其他人共享在一起工作的美好时光。若电影幕后人员是不快乐的，幕前的观众也很难感受到快乐。

在这部电影里面，我们享受到了比平时更多的快乐，因为《芭萨提的颜色》一定程度上讲的是兄弟情义，所有的男演员们，尤其是阿米尔，都是本色出演。直到现在，我们还会经常见面。每年的排灯节，我们都齐聚阿米尔家。我们在一起聊天的时候，真的就像是"芭萨提一家"一样。

我在拍摄过程中最大的障碍来自我个人的恐慌感，因为我之前没有非常成功的作品，加上这部电影在很多方面犯了印度电影界的忌讳。阿米尔的加盟增加了我的信心，他一直是我们最坚实的后盾。所幸的是，观众喜欢我们最终的成果。

我本人在拍摄期间是有摇摆不定的时候的，毕竟这是我五年里拍的第一部电影。事实上，就连《芭萨提的颜色》正式上映时，仍然有没看过的人提出质疑。负责宣传的人告诉我，他们也许是在看了预告片之后产生了怀疑，导致公映之前三天，很多订了票的观众半价出售电影票。然后，我们的第一批宣传团队抛弃了我们，除了一位来自孟买的同志。这一切出乎所有人的预料。从当时的情况来看，这部电影不太可能上映了，就算上映了，也绝不会成功。

在当时的时代背景下，《芭萨提的颜色》太特立独行了，因为它打破了太多的规矩。这是第一部没有传统歌舞场景的电影，我们没有让演员对口型（译者注：《芭萨提的颜色》有插曲，但是没有主人公们对口型表演的歌舞场景）。我们使用的插曲是 A.R. 拉曼创作的，歌词也很美。虽然我们有阿米尔·汗这样的宝莱坞男神，还有很多其他优秀的演员，但是我没有让他们“唱”这些歌。这在当时很多人看来，无异于自寻死路，批评声接踵而来，说我们浪费了这些好歌曲。这为电影的宣传又增加了很多困难。

《芭萨提的颜色》开启了一个新纪元，但是，这一切并不是我们有意为之，完全是跟着感觉走的。我觉得如果让故事里的小伙子去唱这些歌，那就太假了，有些虚张声势。这些歌曲更像影片的灵魂——你看不到灵魂，但是，你可以用心去感知它。一旦要把这些拿出来摆在桌面上，那它的本质也就不在了。

《芭萨提的颜色》有很多伟大之处都结合了阿米尔的心血。他是双鱼座，如果你去查阅这个星座的介绍，就会知道，他们中有5%的人是喜欢逆流而上的，我敢说阿米尔就是这 5% 的人中的领头人！他是个挑战者、淘气包，永远做不到随波逐流！他是宝莱坞第一位坚持一次只接一部电影且坚决不跨戏的演员。他坚持深入剧本，力求与角色产生共鸣，我们几乎再也找不到像他一样对剧本这么较真儿的演员了。很多其他演员要么是看完样片，然后依样画葫芦地演出来应付了事；要么是拉关系，看面子，草草做出接拍决定。二十年来，就只有阿米尔一个人，赤手空拳地打破这种种常规。

他选择一部电影的决定性因素是：剧本、导演和制片人。在这个没有多少规矩的印度电影圈，他给自己定下了规矩，给这一产业带来了理智。我可以毫不避讳地说，我们的电影产业曾经一直是被恶棍们控制的，他们见钱眼开，唯利是图，最可怕的是，这种恶棍腐蚀了电影业的每个领域。阿米尔意识到了这一点，因此，他的表现尤为难能可贵。

阿米尔是一个目光远大的人。

变革这种事，你在嘴上说说，或者浅尝辄止，其实都不算难。但是，要真正做出变革，却如同在暗夜行走，前路茫茫，漆黑一片，恐怖异常。

《芭萨提的颜色》最大的成就是，刚一上映就宣告了成功，它的影响，从第一场公映开始，就像星火燎原般波及全印度。这一点是公认的，没有人持观望态度。

但是，尴尬的时刻也随之而来。其实，作为一名普通导演，我并没有准备好去迎接自己作品的成功，更别说这成功是如此巨大了。各种奉承话接踵而至，我不知该如何应付。看来“痛并快乐着”这句话是对的。

有时候，你本认为某件事已经过去了，然而事实上，你只是它的过客，而它还远远没有结束。好在我有拉曼、阿米尔这两个好朋友，他们都见过大世面，包括比这个大得多的阵仗。我和他们在一起，通过观察和聊天，学到了很多，感到力量满满。

影片结束拍摄后，财务说预算超支了。阿米尔居然说他还没结的那部分片酬不要了，我们当然没有那样做，但阿米尔能够愿意舍弃一千万卢比的片酬，来帮助我们渡过难关，他简直太高尚了。没有人要求他这样做，他为了影片的整体利益，不惜牺牲自己的利益。很多人为自己的梦想奔命，但几乎没人会为别人的梦想奔命，因为那需要极大的激情，以及对生命本质的理解。

由于这是一部揭露政治阴暗的电影，在拍摄的时候就有各种各样的声音在干扰我。每天起码有5000个声音在扰乱我的思路，而这其中至少有10个是发自我自己内心的。而在任何情况下，阿米尔永远是冷静的，他一直告诉我要坚持自己最初的构思。从正式开拍的那一刻起，不管严寒还是酷暑，阿米尔就从未离开过片场，他完成自己的戏份后，就在一边坐着，从不胡乱指手画脚。

在影片推迟拍摄的那六个月里，我每天研究剧本，再花21天时间排练和做前期准备。

阿米尔为《芭萨提的颜色》改变了造型。我们希望通过这个人物的发型、肢体语言、外形外貌来展现他特立独行的人生态度。DJ是一个超龄大学毕业生，因为一直待在学校，所以很男孩子气。阿米尔需要学很多东西，比如摩托特技，还有旁遮比方言，他一直坚持练习这些。片场有旁遮比方言顾问，他和阿米尔时刻保持交流，在阿米尔家里、在车上，一遍一遍地练习台词。事实上台词都是用印地语写的，到了片场才被改成旁遮比方言。

说到改变外形，他倒不用花太多时间。我们既不需要他像《抗暴英雄》一样留长发，也不用像《未知死亡》一样练肌肉，相反，我们恰恰需要他看起来像一个普通人。不同的演员进入角色状态所花的时间不尽相同，阿米尔花了九个月，而库纳尔（片中饰演阿斯拉姆的演员）花的时间更长，足有一年半。

演员的服装在开拍前45天准备停当，每个演员都只有两条牛仔裤、一件夹克和几件T恤衫。我告诉他们："你们想穿哪个就穿哪个，把服装间当作你们自己的衣柜就好了。"这是电影，不是什么时装秀，不用换一个场景就配一套衣服。这是《芭萨提的颜色》的又一个变革，你会发现在之前的电影中，每个演员的衣服都是精挑细选出来的，而且每一幕都不重样。但可怜的索哈（片中饰演索尼娅的演员）只有六件纱丽和上衣，外加两条裤子。而库纳尔自始至终都穿着同一双拖鞋。我认为这才对嘛，他们饰演的角色就是我们身边的普通人。

阿米尔甚至都没有要求配备专用化妆师，而对于他这样的大明星来说，这样的要求太正常不过了，但凡有点名气的演员，哪个没有御用造型师的？阿米尔从来没有为此不安过，因为他对自己有足够的信心。和这样的人合作真的感觉很好。

只有真正相信自己的阿米尔，才能做到为拍《未知死亡》苦练肌肉，他有着非比常人的自信和韧劲。挑选《芭萨提的颜色》这样的剧本、在财务出状况时坚定不移地支持导演，这些都需要足够的自信。就像他当年坚信《印度往事》会成功一样，他在自己当制片人后，敢于把名声押在一本没人选的剧本和一个“失败”的导演上。

剧本已经将他的角色细节描写得非常详细了，但阿米尔最终按照自己的理解来赋予了角色新生命。演员的任务在于发现剧本中的“潜台词”，阿米尔就有读出“潜台词”的能力，他能看出剧本深层次的东西。我不用和他讲太多，无须担心他的表现，因为我知道他肯定能做到最好。如此一来，我可以把精力省下来用在其他方面。如果你仔细观看 DJ 的戏份，是找不到任何破绽的。即便是最伟大的电影，你也会很快从中找到些许做得不好的地方，可能来自摄影师、导演、音乐总监或者演员，其中演员最容易露出破绽，因为其他人相对来说是“隐形”的。阿米尔的绝技就在于，他永远能抓住人物的灵魂，这一点说起来容易，做起来太难。剧本上的白纸黑字是死的，而角色的状态却是流动的，有时我们写的剧本对角色的把握也不是那么准确，而阿米尔总能抓住人物变化的规律，将其还原回整个影片的大背景下。他是真正理解电影的意义所在，所以从不会离题表演。

阿米尔演技多变，这是公认的事实。一个实力派演员，必然能在各式角色间切换自如，你只要看看阿米尔的作品，就不难明白这点。很多演员在达到事业巅峰时就止步不前了。但对于阿米尔来说，每一个巅峰都是新的起点。这好比你去爬珠穆朗玛峰，只要到达了峰顶就会返航，毕竟那已是世界的最高点。但是，如果你能从珠峰的峰顶跳落，再起飞，不是更漂亮的进击吗？这就是和阿米尔共事的乐趣。他的存在让我的导演工作高效多了，当其他导演在花工夫指导每个演员该如何如何表演时，我只需告诉他方向就行了。

电影中我最喜欢的一幕是：游行结束后，DJ 崩溃大哭。在这一幕中，阿米尔没有刻意控制自己的情绪，我认为这非常明智，这让剧情更加真实。镜头中，阿米尔坐在椅子上吃东西，没有女主在侧，没有拍摄角度的设计，也没有任何戏剧化元素。我们只安排了两个机位，打开摄像机后，直接开拍。可以说，这一幕展现了所有印度平民的无助和茫然，男主人公也不例外，他哭着说："我们完了，我们什么都不是，什么都做不了。"男主的哭戏，传达了很残酷的现实：我们印度虽有数以万计 DJ 这样的人，但仍然改变不了糟糕的体制。在传统电影中，男主角是绝对不会说出这种话的，他们会说："看吧，我能为你们实现一切"，语气中还要带着诚恳和坚定，让百万人民相信，他就是正道。当我看到阿米尔眼中的泪水时，我仿佛看到了我 7 岁的儿子在哭。他的眼泪发自肺腑。

当表演达到极致，虚拟与现实的界限模糊，我们仿若身处黎明时刻，分不清白天还是黑夜，这就是我们所说的"神秘地带"。正是阿米尔的努力让我们达到了这种境界。

我们因为这次合作建立了很深的友谊，每当我想到阿米尔，内心总会升起某种特殊的情感。我不想说他是当下演艺界的一号人物，因为我不想把他局限于现在。他在我心中的地位和亨弗莱·鲍嘉[①]、贾莱·古柏[②]、马龙·白兰度[③]

① 译者注：1951 年奥斯卡影帝，主演《卡萨布兰卡》《东京风云》《非洲皇后》《龙凤配》等经典好莱坞电影。

② 译者注：两次成为奥斯卡影帝，主演《约克军曹》《日正当中》《杨基之光》。

③ 译者注：两次成为奥斯卡影帝，但拒绝领奖，主演《欲望号街车》《码头风云》《现代启示录》《教父》系列。

等影视巨匠齐平。他并非池中物，他属于辽阔的大海。

至于很多人听到的那些说法，比如说阿米尔有控制欲之类的，完全是无稽之谈，说这话的人简直无知且无聊，他们一边说他喜欢控制别人，一边还不是倚仗他解决问题。

阿米尔并不仅仅属于当下，回首往昔20年，我们会发现他早已定义了这个时代。

人们喜欢给身处的时代加上某种定义，就好像黑白片时代除了莫提·拉尔、波拉·萨尼、古鲁·杜特[①]这几位巨星就没有其他演员似的，大部分作品最终都湮没于时间的长河中了。但是，为什么最终是这些名字被时代铭记？为什么是亨弗莱·鲍嘉[②]、马丁·斯科西斯[③]、罗伯特·德尼罗[④]、阿尔·帕西诺[⑤]和马龙·白兰度长存人们心中？

阿米尔·汗在我心中和这些巨星有同样的意义。六十年后，再回顾今日，他是否开启了什么新时代都不重要了，因为他就代表了这个时代。

① 译者注：三位都是黑白电影时期的宝莱坞巨星。
② 译者注：美国著名演员，代表作《卡萨布兰卡》等。
③ 译者注：美国著名导演，多次获得奥斯卡最佳导演奖。
④ 译者注：奥斯卡影帝，代表作《愤怒的公牛》等。
⑤ 译者注：奥斯卡影帝，代表作《闻香识女人》等。

第九章

实至名归

在我看来，电影的首要职责是娱乐。当然，作为一种媒介，我们也可以将其用于教育，鼓励创造性思维，引发人们的思考，使人们更有社会意识。但是，归根结底，电影最初的用意就是娱乐。印度电影履行这一基本职责至少已有80年了。

——阿米尔·汗博文，2007年

只有当所有元素都恰到好处时，才能构成所谓的完美音乐。音调低一分不行，高一分刺耳，哪怕一点点错误，最终都可能导致整部作品的不和谐。《为爱毁灭》的成功就是正确挑选每一个电影元素的结果。

——雷迪夫网，2006年

尽管阿米尔一直宣称，他的作品追求的是娱乐，《为爱毁灭》《未知死亡》和《三傻大闹宝莱坞》都创造了口碑和商业利益的巨大成功，也巩固了他在印度观众心目中的地位。但是，他仍然固执地坚持将非传统的元素注入主流电影。在《印度往事》到《三傻大闹宝莱坞》这十年里，他的这种创作方式达到了极致，成功推出了一部部或轻松或激烈的发人深省的电影。

阿米尔后来说，他是被优秀的剧本吸引加入《为爱毁灭》的，这部电影结合了最好的导演和制片人。不过，这个演过《芭萨提的颜色》的演员，真的会被主题简单的《为爱毁灭》所吸引吗？

和过去许多印地语电影一样，库纳尔·科利的《为爱毁灭》创造了一个发生在克什米尔地区[1]的爱情故事。电影内容被处理成民族主义，避开了更具争议性的政治和人权问题。然而，阿米尔在随后的采访中表示，有一幕戏是他选择这个剧本的关键——瑞汗（阿米尔饰）遇到自己逃避了七年的爱人祖尼，祖尼没有认出他，却叫出了他的名字，原来她是在呼唤他们的儿子，当儿子从母亲身后钻出来时，他晕过去了。类似的情节其实并不新鲜，早已多次出现在不同的印地语电影中。但是据阿米尔说，作为一名演员，他喜欢充满戏剧性的情节和层次丰富的表演，希望将其保留。

瑞汗为演员阿米尔提供了又一个创新的可能性。这是在《大地 1947》上映大概十年后，阿米尔又一次扮演具有扭曲民族主义色彩的角色。但是，与电影中另一个因崩溃而堕落的角色狄·那瓦兹不同，瑞汗是个极其执着的人，执着到引起了观众的谴责。阿米尔读完剧本后，打电话和库纳尔说："祖尼这个角色，我能想到的只有一个演员能胜任，那就是卡卓尔。可惜有个问题是，如果她出演，也许我就不能演了。"

在那时的印地语电影界，阿米尔和卡卓尔都是顶级的演员。两人虽然曾在《真爱无敌》里合作过，但是从没在任何一部电影里饰演银幕情侣。《聚星》杂志在 2010 年评选了"十年最佳银幕情侣"，获奖的是沙鲁克·汗和卡卓尔，多年来，他们合作了多部优秀影片，这对"官配"深入人心。所以当卡卓尔同意出演《为爱毁灭》时，所有人都感到惊讶。后来她表示，直觉告诉她一定要参演。

从以往的作品来看，卡卓尔和阿米尔的表演方式似乎完全对立，两个人在

① 译者注：印度和巴基斯坦问题地带，有武装独立组织。

同一部电影中饰演一对爱侣，能否擦出火花？然而，事实总是这么出人意料。《为爱毁灭》对这两位明星来讲，似乎是挺好的经历。他们全然不同的风格为影片带来了新气象，也成就了两位传奇演员的历史性合作。在一档讨论电影制作的互访节目中，卡卓尔告诉阿米尔："在观看了电影之后，我无法想象，还能有谁能够接近你的水平。我真的认为你的表演太自然了，你真正地融入了角色，他已经成了你的一部分。"阿米尔对这次合作的态度也很满意，他对卡卓尔说："很高兴能与你共事，我很享受这个过程。"

卡卓尔和阿米尔的搭配，以及两位大明星在银幕上奇妙的化学反应，对电影的成功起到很大的作用。雷迪夫网页上中曾有这样一句话："为了阿米尔和卡卓尔，去看《为爱毁灭》吧！"《为爱毁灭》甚至成了阿米尔在2000—2007年最卖座的电影。

阿米尔在关于《印度往事》的博文里承认，他不可能做到让每个人都喜欢他的电影。《芭萨提的颜色》《印度往事》《抗暴英雄》《心归何处》《义无反顾》和《胜者为王》，这几部是非常接近他个人风格的。而《为爱毁灭》《印度拉贾》和《真爱无敌》，则是在尽力扩大受众面。他说："我需要赢得一个较大的观众群体，达到这个目的之后，才能向他们展示一些对他们而言有挑战性的电影。"

此外，阿米尔很享受《为爱毁灭》的拍摄过程。他补充道："我希望给自己这点自由，去参与各种各样的电影。不想只拍跟风社会热点，或是逻辑性很强的电影。有时候，我也喜欢脆弱的、疯傻癫狂的、粗野的、多愁善感的人物。"

《为爱毁灭》给了阿米尔一个拓宽受众群的机会，同时也稳固了他在非主流电影上的不败之地。

这是阿米尔从来没有塑造过的形象——依靠健美的身材和矫健的身手吸引观众，而不再只是思想。

——《印度快报》，2008 年

阿米尔的代表作几乎囊括了印度电影的所有题材。但是，如果非要说阿米尔在哪个方面有些薄弱的话，那就是在动作戏，尽管他也拍出了《古拉姆》《忠肝义胆》和《义无反顾》这样的作品。

自从凭借《冷暖人间》以浪漫男主角的形象出道，阿米尔多年来突破自我，早就被认定是百变型的成功演员，媒体始终用"完美""正直""敢于担当"这些词来形容他。而与此同时，同期演员萨尔曼·汗和赫里尼克·罗斯汉似乎只要脱了上衣，炫炫身材，秀秀肌肉，就能引来无数目光。阿米尔也是时候尝试着变化一下了！

当阿米尔制作完成他接下来一部电影[①]后，就在萨亚吉特·楚拉西亚的指导下，将严格的健身训练提上日程。

后来，他以一个崭新的形象亮相于新电影的宣传活动：头发几乎剃光，一侧剃了一条豁口。这部新电影就是《未知死亡》——翻拍自同一个导演的泰米尔语同名作品。

---

① 译者注：指《地球上的星星》，关于该片的详细阐述在下一章节。

而事实上，翻拍《未知死亡》的想法在阿米尔脑中已经酝酿一年多了。2007 年 6 月，阿米尔第一次在博客上宣布他正与本片导演 A.R. 穆鲁加达斯在金奈 [①]的 A.R. 拉曼工作室一起研究本片插曲。

对于阿米尔来说，本片有着太多开创性的意义。不仅因为他需要塑造一个动作戏英雄，还因为这是他第一次翻拍其他印度语种的电影。对于向来谨慎挑选作品，一直挑战自我的阿米尔来说，这个选择很不寻常。在后来的采访中，阿米尔承认，他选择这部影片的原因有两个，第一个原因是穆鲁加达斯导演强大的能量和开放的态度——阿米尔喜欢泰米尔语版本，但对最后半小时的动作戏不太满意。当他把这个想法告诉穆鲁加达斯导演时，导演完全同意，甚至主动提出修改高潮部分。他的这种做法赢得了阿米尔的心。

另一个助力就是苏里拉 [②]，他确信阿米尔能够演好这个角色。苏里拉是泰米尔语电影界最有名的演员之一，尽管阿米尔对于他的某些表演持保留态度，但他从未怀疑过阿米尔能胜任这一角色。

只要阿米尔出演一部电影，他一定会赋予角色与众不同的特质。如果说寸头的形象是从原版苏里拉处学来的话，那么八块腹肌就是阿米尔为印地语版人物打造的全新造型。

时至今日，阿米尔的所有作品中，还没有一部比《未知死亡》有更严苛的训练计划。他以前的角色重在塑造人物个性，形象则相对普通。而这部电影的挑战之处在于塑造一个处于未知世界的人，表演重心转向肢体表达。

在长达一年的时间里，他每天坚持三个小时的魔鬼训练，甚至包括每天做 1000 个俯卧撑。最终，他终于拥有了八块腹肌，这可以说是每个健身者的梦想。在雷迪夫网的一次采访中，他的教练萨亚吉特·楚拉西亚说："我指导过很多人，

① 译者注：泰米尔纳德邦的首府，印度第四大都市。

② 译者注：泰米尔语版《未知死亡》男主角的饰演者。

但是阿米尔的韧劲超乎常人，他会在疼痛中呼喊，但绝对不会放弃。”阿米尔自己也承认：“刚开始我有过退出的想法，因为训练实在是太痛苦了。但是，只要你下定决心就能做到。当时我体内的脂肪含量偏多，不然结果还可能更好。不过我已经很满意了。”

阿米尔面临的另一个挑战是对于角色的诠释。苏里拉已经用自己的表演给观众留下了深刻印象，阿米尔将以何种方式演绎同一个角色？二人的对比是否不可避免？苏里拉却承认，他的灵感来源是阿米尔，是他在《心归何处》中塑造的阿卡什。那么，阿米尔应该如何更进一步，完成从桑杰·拉玛斯瓦米[①]到印地语版本桑杰·辛哈尼亚的跨越呢？

除了八块腹肌外，阿米尔将角色的出场安排得非常高端——一个国际商业大鳄随即闪亮登场。如果苏里拉版的桑杰是“低调的奢华”，那么阿米尔则将力量感注入每一个镜头，这是两种完全不同的诠释。

当第一批宣传剧照发布时，观众看到了一个从未见过的阿米尔：短短的头发，俯着身子，用发疯的眼睛盯着人们，肌肉结实的身体上，布满“报仇”“杀”等黑色的文身。

这给人们带来了巨大的视觉冲击，因为阿米尔从来没有演过类似的角色。

《未知死亡》也让阿米尔最大程度地介入了影片的宣传。他接受了各种采访，参与模特走秀[②]，甚至亲自为观众剪桑杰同款发型。此外，他一反平日的温和脾气，向沙鲁克·汗叫板：到底谁才是印度影坛NO.1[③]？围绕着这部戏

① 译者注：泰米尔语版《未知死亡》的男主角。

② 译者注：本片赞助商“凡·修森西装”举办了“《未知死亡》专属西装”发布会。

③ 译者注：此事事出有因：1. 阿米尔在博客上戏称自己的狗叫沙鲁克；2. 当他意识到过分的时候，删除了博客并到沙鲁克家道歉；3. 沙鲁克在阿米尔面前并未计较，却在回复媒体询问时说：“阿米尔很会利用别人为自己造势。但我可不能这样做，因为在印度没有比我沙鲁克更大的品牌了”；4. 当《未知死亡》创造票房纪录后，阿米尔对媒体说：“我想知道沙鲁克当第二的滋味怎么样？”

的新闻空前的多。

《未知死亡》超过了《为爱毁灭》，成为阿米尔当时最成功的作品，同时刷新了票房纪录，成了印度电影界票房最高的电影。放映前的种种宣传努力奏效了，观众的期待值空前的高，因此本片毫无压力地收获了票房上的巨大成功。到处都是剪着桑杰式发型的青少年，卡通片和广告也纷纷借用《未知死亡》的主题，其中代表就是巴贾·奥丽安保险公司的广告：一个人胸口刻着“记得要省钱”的文身。

最有象征性也最让人记忆深刻的，大概是在一场环孟买马拉松比赛中，众多年轻人留着电影中桑杰的发型，身上文着各种标语。

这部电影获得了来自影评人和观众各种各样的评价，对阿米尔的表现，几乎是一边倒的好评。印度国家电视台指出：“对于阿米尔来说，《未知死亡》是一个 360 度的大转弯……齐根短发、八块腹肌……他成功地塑造了一个冷酷杀手的形象，看着他在电影中这一秒肝肠寸断，下一秒什么都不记得……真是让人难忘的表演。”

尽管有些观众对影片略有微词，但是人们普遍欣赏电影中传统元素的运用。《印度时报》写道：“《未知死亡》仍然是一部标准的宝莱坞电影，传统特色很突出。”自然，也有少数人既不满意电影，也不满意阿米尔的表演。即便如此，他们也不得不承认这部电影获得的票房奇迹。一家娱乐报纸的编辑萨瑞塔·坦瓦就是如此，她认为，相对于阿米尔其他作品的思想高度来说，这部电影是在走下坡路。但是她同时承认：“《未知死亡》上映后，阿米尔成了 2008 年最受瞩目的明星。”

原版桑杰的扮演者苏里拉，在一次网站采访中极力赞扬本片，他说：“我一直就坚信，印地语翻拍的《未知死亡》会强于泰米尔语原版。在金奈，当我看到阿米尔在《未知死亡》中的表现时，彻底确定了这一点。毋庸置疑，这一版比泰米尔语版要强很多。”他还补充道：“阿米尔太棒了。我这么说，是我认为自己根本没法与之抗衡。他之于我，就像教授之于学生。而学生是永远不会将自己和导师相提并论的。”

《未知死亡》利用了印度电影的传统元素获得了空前的成功，在《为爱毁灭》之后，它让阿米尔·汗进一步确立了在印度电影界巨星阵营中的地位。

《未知死亡》——印度主流商业电影的弄潮儿

阿辛，泰米尔语和印地语版《未知死亡》的女一号，对这部刷新了印度电影票房的电影的制作过程进行了回顾——

《未知死亡》和阿米尔·汗以前的电影作品相比，可称得上是独树一帜。他已经很久没有拍摄主流影片了。阿米尔刚出道时，就一直担任爱情故事的男一号，这部电影却说明他在这方面的天赋丝毫未减。此外，电影融入了精彩的打戏，这又是大家从没见过的。

之前阿米尔·汗的观众大多是城市人，而这部电影成功打入了草根阶层。他打动了那些印度玛莎拉电影[①]的死忠粉。《未知死亡》是最卖座的宝莱坞电影，这一点足以显示它的影响之广泛。

泰米尔语版的《未知死亡》也是南印度最卖座的电影之一，也就是说，印地语版《未知死亡》上映时，很多南印度观众已经知道基本剧情了。出人意料的是，印地语版的《未知死亡》在这些地区也受到了广泛欢迎，要知道，宝莱

① 译者注：玛莎拉电影，即程式化的印度传统电影，一定要有浪漫的爱情、痛苦的分离、绚丽的歌舞、真刀真枪的打斗，结尾也是“善恶到头终有报”。

坞在南印度的接受度并不高，他们有自己本地的电影和明星，极少关注宝莱坞电影。阿米尔·汗通过《未知死亡》成功地吸引了各个阶层的观众，这才有了这部电影的成功。

对于阿米尔·汗和他拍摄的作品，观众总是有着格外的信任感。所以，即便南印度的观众看过了原版《未知死亡》，也会迫不及待想要看看阿米尔·汗版的演绎。对于一部翻拍片来说，这种好奇心格外珍贵。

作为阿米尔的搭档，我们合作得非常融洽，因为我们在很多方面都能达成共识。阿米尔是一个不会放过任何细节的人，对待工作，他真诚专注，勤奋认真，不会轻易满足。我也一样。在片场，我有时候会对自己的表现不满意，要求重拍。阿米尔就会开玩笑说："我这么挑剔的人都觉得这个镜头很好了，你怎么比我还要挑剔？"我对自己的要求是最苛刻的，所以经常要求重拍，直到导演坚持说不用了。阿米尔也一样，他是超级出色的搭档。主创们的态度一致，合作才会顺畅。

虽然他是一个非常有影响力、有名气的明星，但是，他给人的感觉绝不是不可一世，相反，他非常率真、冷静、低调。和他一起工作后，对他的了解越深，就越觉得轻松。对于这种级别的演员来说，这是格外杰出的品质。他从不摆明星架子，不在观众面前装样子，这你可以从他的言谈举止看出来——有时候，他会突然跳起来，或者盘腿坐在沙发上。

阿米尔极力保证自己的表演和作品不受限制和约束。这是他作为演员最了不起的一点。

最后，我要说："真诚地感谢阿米尔"，因为他我才能来到这里。他听说南印度有一部叫作《未知死亡》的电影，看了之后决定翻拍。正因如此，我才能有幸参与到印地语版《未知死亡》的拍摄，是他把我介绍到了宝莱坞这个不一样的世界，我深表感激。

我一直是阿米尔·汗的影迷，在喀拉拉邦，我们经常看宝莱坞大片。不论是表演还是外貌，阿米尔都是我最喜欢的演员之一。上学的时候，我总是随着他的《印度往事》和《心归何处》里的歌曲旋律跳舞。

作为女演员，能与他合作拍摄我的首部印地语电影，真是万分荣幸。并且我还能够在私下和他见面，成为朋友，真的太好了。

“这部电影，不仅风靡一时，更被看作当代经典。”

——《印度快报》，2009 年

“阿米尔要大瘦身啦！”《印度全国日报》的报道如是说。阿米尔为了《未知死亡》，拼命练出来的八块腹肌就要消失了，现在他试图将自己的年龄减半，在《三傻大闹宝莱坞》中饰演一个大学生。

演员阿米尔·汗、导演拉吉库马尔·希拉尼、制片人维德胡·维诺德·乔普拉，三大艺术巨匠聚到一起，共同创造了这部影片。拉吉库马尔·希拉尼通过《黑帮大佬医生梦》（2003）和《黑帮大佬和平梦》（2006）两部影片，在印地语电影界网罗了不少粉丝的心。特别是《黑帮大佬和平梦》，讲述了圣雄甘地对印度普通人民的影响。成了当代印度杰出电影之一，好评如潮。

兼任制片人和导演的维德胡·维诺德·乔普拉，将一系列非典型印度电影带入了观众视线，例如《这只是鸟》（1989）、《帕瑞妮塔》（2005）、《皇家卫兵》（2007）和“黑帮大佬”系列。

这部电影改编自畅销小说《五点人》，其作者奇坦·巴哈特是管理学专业毕业，从投资银行家转行当了作家。该作品虽然为文学评论家所诟病，却在印度城市地区，特别是小城镇的年轻人中反响热烈。这使得电影极受观众期待，在宝莱坞 Hungama 网站的调查上，《三傻大闹宝莱坞》成了“2009 年最受期待的宝莱坞电影”。

电影《三傻大闹宝莱坞》把《五点人》的中心思想糅入印度电影里，其效果甚至远超原著。它讲述了三个学工程专业的大学生（由阿米尔·汗，马德哈万和沙尔曼·乔什扮演），发现成功和卓越的真正含义的过程。在分数至上的印度，像这样鼓励人追随内心的声音，实属罕见。

又一次，阿米尔证明了他所看中的电影是人们想要观看和认真倾听的。但是他并不拘泥于这样的模式，在2010年《经济周刊》颁奖礼上，他说：“我不知道观众要什么，我只知道我要什么。读剧本的时候，我就是听从我的内心，然后一切随之而来。”

像多年前的《激情代价》一样，这个角色对于阿米尔·汗来说也是可遇不可求的。《激情代价》要求他扮成熟，《三傻大闹宝莱坞》则要求他装年轻。在这两部电影里，阿米尔·汗都要下足功夫，才能让他的角色在广大观众面前保持可信度。

种种迹象表明，没有人比阿米尔·汗更适合演兰彻[①]了。2009年，他接受《印度快报》采访时说：“是拉吉库马尔说服了我接受这个片约，因为他觉得我就是生活中的兰彻。”作为一个永远追随心声的人，阿米尔·汗用行动证明了电影里兰彻的经典台词：“追求卓越，成功会在不经意间主动追上你。”

和《心归何处》《芭萨提的颜色》一样，阿米尔又要重新回到校园主题上来，且需要拍很多群戏。这就需要他在完成好自己戏份的同时，尽可能收敛锋芒。电影里一些搞笑戏都落在了沙尔曼·乔什[②]身上，而阿米尔只需带着真诚和信任演好兰彻。

回到校园，意味着新的例行训练要开始了。阿米尔·汗为《未知死亡》锻

① 译者注：《三傻大闹宝莱坞》中的男主角。

② 译者注：另一位男主角拉杜的扮演者。

炼出一身肌肉，如今，他不得不亲手毁了这副好身材，让自己看上去像个大学生。除了减重，阿米尔·汗每天进行羽毛球锻炼，哪怕处于最忙碌的拍摄阶段，你都能在凌晨四点半的球场上看到他。他把拍摄《未知死亡》的刻苦精神，延续到了《三傻大闹宝莱坞》中，却是为了达到和当年截然相反的效果。在印度电影界，看一个老演员演一个年轻角色很正常，然而，之前从来没有任何人像阿米尔·汗这样，付出如此大的努力，只是为了让表演更加真实自然。

在电影上映前的宣传中，阿米尔·汗大玩人间蒸发，从老城市巴纳拉，到电子城班加罗尔，其实这样做是暗指《三傻大闹宝莱坞》中兰彻的旅途——电影中，他的朋友一直在找寻销声匿迹多年的他。电影拍摄期间，阿米尔第一次在脸书上露面，以网名“傻瓜”做伪装。在此期间，他的博客依然很活跃，和粉丝们保持着适当的联系。

《三傻大闹宝莱坞》上映后，刷新了由《未知死亡》保持的票房纪录，成了印度历史上票房最高的宝莱坞电影。它还是海外市场上票房第二高的印度电影，仅次于沙鲁克·汗的《我的名字叫可汗》。和大多数优质印度电影一样，《三傻大闹宝莱坞》有着极强的娱乐性，能够激发观众思考，同时也得到了商业上的成功。

影片在业界好评如潮，很快拿下了六座印度电影观众奖和十项银屏奖奖项，席卷了所有印度主流电影奖项。

印度的每个时代，都会有几部重要的电影吸引数以万计的印度观众，这些观众可能就包括很多不经常看宝莱坞电影的人。《三傻大闹宝莱坞》与之前的《印度往事》《心归何处》《未知死亡》一样，都做到了这一点。

这一次，他的大学生角色得到了认可。《印度时报》写道，“信不信由你，阿米尔·汗、马德哈万和沙尔曼·乔什三人，不管在外形上，还是在行为举止上，都和大学生一模一样，不仅阿米尔近乎完美地塑造了有着自由灵魂的创新者兰彻，马德哈万和沙尔曼·乔什也有同样出色的表现。”

电影里有些桥段，也因为过分理想主义而受到了批评。也有人觉得，这部电影传递出了“读书无用论”的错误价值观。然而，这部电影反映出了印度年青一代所忍受的压力，以及因此遭受种种悲剧的现实，使其受到了年轻人的拥戴。很多场景很快流传开来，网上也出现了大量的追随者。

DNA 网站对这部电影的轰动效应是如此总结的：“以当今社会热点话题为核心，《三傻大闹宝莱坞》用一个温情故事作为外壳，反映了非常严肃的社会问题。影片的叙述让你毫无负担地看到最后，而结局温馨温暖、令人感动，却又引人沉思。确实，影片有些瑕疵，不过，用已经被用烂了的话‘自由的电影创作’来评价此片再合适不过了。”

影评人苏巴什·K.贾这样评价该片：“意义重大，鼓舞人心，堪称社会的一剂良药。电影中的每一部分都是心血之作。在一个学生被繁重的课业压迫到自杀的国家，《三傻大闹宝莱坞》这样的电影给了我们希望。也许电影不能拯救生命，但是能给予你生命的希望。”

阿米尔自从在《冷暖人间》中第一次以男主角身份登上银幕，已经过去二十多年了，如今他依然是印度最有影响力的青年偶像之一。而他的这场电影之旅还远没有结束。

“我不把我自己当作大牌。我只是一个和故事打交道的电影人罢了”

——来自《印度斯坦时报》2010年阿米尔·汗专访

2010年，《读者文摘》在印度城市组织了一场投票，评选2009年最受信赖的印度人。阿米尔·汗是印度电影界排名最高的两位演员之一，名列第18位，比很多厉害的印度政治家、工业巨头、科学家和运动员都要高。这是阿米尔·汗在印度电影界二十年的伟大成就。他的意义不仅限于一个演员、一个明星、一个讲故事的人，最重要的是，他意味着“信任”。

虽然阿米尔·汗讨厌被贴标签，但是，很多媒体一直坚定地把他称为“印度电影界最具影响力的人物之一”。2009年，《星云》杂志将他称为“印度电影界最有影响力的明星”，雷迪夫网票选他为“印度电影界第二有影响力的明星”（仅次于老戏骨阿米塔布·巴强）。

当阿米尔·汗将他名字的巨大价值与一些品牌结合的时候，就会产生轰动效应。如此状况之下，他选择代言就和选择电影一样谨慎。2010年，他在接受《印度时报》采访时说，“我很喜欢拍摄广告。而且我对品牌和产品团队很挑剔，我拍广告和拍电影一样认真。”

多少年过去了，阿米尔·汗在广告界的威信越来越高。年轻人的偶像，加上观众的信任，二者结合在一起，产生了特殊的效果。2009年，在《电讯报》

的采访中，阿里克·帕丹西表达了他对于阿米尔·汗的看法：“他已经逐渐取代了阿米塔布·巴强。当他推荐一件产品，或者解释某个法案的有关事项时，观众愿意买他的账。”

结果是显而易见的。三星印度市场部总经理阿希姆·瓦西，在接受《星云》采访时说：“在三星手机和阿米尔·汗合作的一年内，我们的 GSM 手机业务翻了一番。在印度 GSM 市场，我们从第四位攀升至第二位。”

要是把代言看作是对明星人气的衡量尺度的话，就不难理解了。据统计，2010 年，阿米尔·汗在明星代言方面也遥遥领先。

和他的电影一样，阿米尔的代言广告也以自己的风格制作。从 1993 年的百事可乐广告开始，阿米尔·汗的广告塑造了一系列创意满满的人物。

2010 年接受《印度时报》采访时，普拉拉德·卡卡[①]说：“他很大程度上把自己真诚专注的个人属性带到了品牌之中。和阿米尔·汗合作会给产品加分，因为无论是对剧本，对自己的形象，还是对代言的产品，他都非常挑剔。”

他在可口可乐广告里分别演过夏尔巴人、孟加拉人、非原住印度人和一个日本人——还操着他们各自的口音。这些广告都拍摄得非常从容，观众也愿意继续等待阿米尔的广告，看看他下一个广告角色是怎样的。

谈到品牌影响时，普拉拉德·卡卡说：“是阿米尔·汗和巴松·乔什将可口可乐在印度的地位推到了这个高度，其他演员根本做不到。几年前，可口可乐只是努力效仿百事可乐的广告。阿米尔很狂热，不管做什么都要把每个小细节完成好。”和在电影里一样，是阿米尔·汗给这些品牌带来的态度，增添了品牌的额外价值。

阿米尔·汗为塔塔天空塑造的一系列广告角色也很有意思，他从阿德娜丽

① 阿米尔·汗第一支百事可乐广告的导演。

士瓦[①]演到旁遮普老先生。塔塔天空的首席市场官维卡兰·梅拉在接受《印度海》的采访时表示：“很骄傲能请到阿米尔·汗出演这些广告，我们对广告成品非常满意。没有任何演员能像阿米尔这样高效地完成拍摄。”

和电影角色一样，阿米尔·汗也深入揣摩广告里的角色。在为塔塔天空演旁遮普老先生时，他对《DNA》说：“作为演员，演和我的年龄相差很大的角色是个挑战。我要演一个六十多岁的老将军，因此服装、眼部的化妆都要刻意扮老。这总是很有意思。我之前演了各种各样的角色，就是没演过将领。”

阿米尔·汗的银屏角色有时也被延续到了广告里。他为丰田汽车拍的一个广告中，就有《艳光四射》里的穆纳和《印度往事》里的拉凡。他还在泰坦手表的广告里化装成《抗暴英雄》莽卡·潘迪，而广告和电影是同时面世的，所以广告既宣传了电影，又促进了观众对广告的认可，两者相得益彰。

当阿米尔·汗答应拍摄广告时，他的雇主可不仅是雇用了一个演员，还得到了他强有力的额外贡献，这就是他优于其他代言人的价值所在。

《未知死亡》——旧酒装新瓶

导演 A.R. 穆鲁加达斯回顾了《未知死亡》的制作过程，分享了他对“阿米尔先生”（他的确是这么称呼阿米尔的）的完整印象[②]——

A.R. 穆鲁加达斯：

《未知死亡》最基础的故事情节原本是，男主角要找害他女朋友的凶手报

① 译者注：印度神话中半男半女的形象。

② 译者注：这个采访完成于《未知死亡》上映后不久，早于《三傻大闹宝莱坞》。

仇，而一个警察试图抓他。电影里男主角有两面形象，还有二十分钟的插叙。那是我刚看了《记忆碎片》，从中汲取了“短期记忆丧失”的灵感。

当我们在拍摄泰米尔语版时，帕拉迪普·拉瓦特[①]就建议我们和阿米尔先生重拍这部电影。帕拉迪普曾在《义无反顾》里出演苏坦，也参与了《印度往事》的演出。我起初觉得阿米尔先生不会考虑这部商业片，所以没把他的建议当真。这部电影上映后大热。后来，帕拉迪普见到了阿米尔先生，和他说起了这部电影。阿米尔先生看了影片后给我打电话，他说：“我很喜欢这部电影，但是我觉得我不适合这个角色。”我对他说：“要是萨尔曼·汗，或者别的什么演员出演，那么这就又是一部萨尔曼式的电影了。如果你演，这部电影就会是一部与众不同的印度电影。”然后他说要考虑几天，之后就答应了。

重拍印地语版《未知死亡》是个难忘的经历。总体来说，我不是特别热衷于翻拍。这次翻拍是因为阿米尔先生的参演，而我是他的铁杆粉丝。如今，阿米尔先生是最了不起的印度电影明星，过去十年里，他的作品部部精品。他善于电影宣传，对市场研究得很透彻，是个出色的制片人、导演和艺术家。你可以和他聊放风筝，也可以和他聊印度经济，甚至是原子能。他读了很多书，什么都知道。除此之外，他这个人也非常善良。在这个世道，很难找到一个像他这样德才兼备的人了。

和阿米尔先生合作，让我学到了很多电影制作方面的知识。比如说，在讨论过程中，他建议我们少用特写镜头，只在电影关键处运用。因为要是滥用特写，就会冲淡特写的作用，使其显得苍白无力。

作为演员，阿米尔先生能够轻而易举地塑造任何角色。在《未知死亡》前，没人相信阿米尔·汗能够裸身格斗。但是，他用一点点练出的健美造型，证明了他不是之前的奶油小生了。阿米尔先生是个优秀、真诚、细腻的艺术家，他

① 译者注：影片中大反派贾吉尼的扮演者。

不只准时来到片场，还会为拍摄做足功课。他的勤奋无人能敌。

当我们拍摄印地语版的《未知死亡》时，我完全不懂印地语。因此，在电影开拍前，我会和阿米尔先生坐下来，他把所有台词从英文翻译成印地语。这些台词之前是从泰米尔语翻译成英语的。尽管我们的翻译人员把英文译成了印地语，但我们要确保翻译过来的台词符合口语习惯，人物感情也要译出来。我要是对于改进台词有什么新点子，会和阿米尔先生讨论。要是我想做出改动，他会以这样的方式帮助我做出决定。

说到制作环节，这是一部拍摄周期很长的影片——将近一年时间。因为，电影拍摄延期，很多成员都罢工了，这让我非常焦虑。有一天，阿米尔先生给我打电话，说："你什么都不用担心，我始终站在你身边。要是你对电影哪里不满意，我们就重拍。我希望你满意你的作品。"所以之后的一年，在阿米尔先生的支持下，我重整旗鼓，继续努力工作。

《未知死亡》上映时，我见到来自全国各地的许多观众都喜欢电影里面的爱情桥段。近些年，没有印地语电影能如此拍摄爱情了。电影里的恋人很含蓄，他们不是那种第一天见面，第二天恋爱，第三天上床的人。在多年的等待之后，终于有一部老少咸宜的爱情电影了。

也有些观众特别喜欢电影里的动作戏，所以这部电影能被不同背景的观众接受，无论是在城市，还是在乡村，观众都很喜欢。

通常，当观众看一部电影的翻拍版时，他们都会觉得还是原版更好。但是，作为导演，我认为印地语版的《未知死亡》比泰米尔语版的《未知死亡》好太多了。说到票房，这部电影打破了宝莱坞电影的票房纪录（在当时）。我只是希望这部电影能够打破阿米尔先生自己的纪录，却没有想过打破宝莱坞的纪录。可惜的是，如今的人们不太去电影院了。

这部电影的成功，取决于它的娱乐性。泰米尔语版的《未知死亡》也是成功的，因为所有阶级的人都喜欢它。它把爱情、浪漫、动作和喜剧这些不同的元素糅合得很好。

《三傻大闹宝莱坞》——另辟蹊径

制片人维德胡·维诺德·乔普拉谈《三傻大闹宝莱坞》，以及阿米尔·汗给这部电影带来的特质[①]——

维德胡·维诺德·乔普拉：

《三傻大闹宝莱坞》是一部触及印度教育制度的电影。正如片名所示，它讲的是三个“傻瓜”的故事。电影传达的价值观是：我们应坚信命运能够改变，坚信远大目标值得追求。在现有的体制下，这种人被称为“傻瓜”。但是，这些为了坚定的信仰而执着努力的少数派，最终却能让全人类骄傲。本片容量很大，同时讲述了希望、人生、印度教育和学生对印度教育的态度。

阿米尔·汗的参演很让人意外。我们开始制作电影的时候，考虑的是另一个演员。由于某些原因，未能如愿，主演就这样悬而未决。那时，我因为其他事给阿米尔·汗打了个电话，他问起了这部电影。我说我们还没有确定演员。然后，阿米尔就过来听了剧本。其实，阿米尔能演这个角色主要是他自己的功劳，他为了让自己看起来像个二十二岁的小伙子，真是下足了功夫。能让阿米尔·汗来出演这部电影，的确是我们的幸运。没有人能达到他为电影所付出的境界了。

阿米尔是一个很棒的演员。我和这个国家里很多优秀演员合作过，但是，我仍然觉得阿米尔是最出类拔萃的一个。而且他人非常好，像他这样人品和演技兼备的演员并不多见。他如此出众，源于他对职业的真诚，这很难得。他会

① 译者注：采访时《三傻大闹宝莱坞》尚未在电影院上映。

为了演好角色倾其所有——刻苦钻研、停止健身、打羽毛球、改变外形……

当你看到《三傻大闹宝莱坞》里面的他，不会相信这是《未知死亡》里的阿米尔·汗，你会被震惊到的。演二十二岁的孩子哪有这么容易？他为了这个角色付出太多。阿米尔的长处在于，他愿意为电影为角色百分百付出，这一点很难做到。他会在早晨六点来到片场，一直待到夜里两点。第二天，他又会在早晨六点准时回到片场。在我们的片场，没人担心“大腕”不在，因为大家都忘掉了他是“大腕”。他让所有人都觉得，他就是个普通人。这样的品质太稀有了。

除此之外，阿米尔给角色带去的独特品质是诚实，这对《三傻大闹宝莱坞》来说太关键了——对任何电影来说这点都是必需的，只是对这部电影尤为重要，因为这部电影将会面对几百万个孩子，将会给他们指引树立抱负、实现理想、获得成功的道路。

作为电影人，当看到最后剪辑过的版本时，我心满意足。当看到所有的演员——阿米尔、卡琳娜、沙尔曼、马德哈万时，我兴奋异常。当创作一部电影的时候，你会有自己的观点，会对这部电影最终的效果有所期望。这些演员的付出，使得电影比我所能预想的还要好很多。这全归功于阿米尔的模范带头作用，要是拍电影时，大明星说他要喝杯咖啡或白兰地什么的，这种散漫之风就会影响到所有人。但要是大明星为了仅仅三个镜头，在片场默默坐上十二个小时，那他的热忱就会影响到整部电影。这样的精神会激励灯光师、音效师，甚至管推车的小伙子，所有人会对电影另眼相待。这就是阿米尔贡献给这部电影的。他不只带来了他的演技和票房号召力，还带来了诚恳的态度和奉献的精神，他的精神传递到了剧组的每个角落。这就是阿米尔·汗。

《三傻大闹宝莱坞》——表达态度的电影

电影导演拉吉库马尔·希拉尼，回顾《三傻大闹宝莱坞》这部电影的拍摄历程，以及与阿米尔·汗的合作经历[①]——

拉吉库马尔·希拉尼：

在拍摄《黑帮大佬和平梦》时，我开始思考：下一部电影该拍些什么？那时，奇坦·巴哈特给了我一份新书复印件。接着，我开始琢磨这所工程学院三个大学生的故事。当我们创作剧本时，彻底将这个故事改头换面了，最后的完稿和原著几乎毫无相似之处，剧本变成了对国家失败的教育制度的控诉。

后期制作时，我对此片相当满意，觉得自己阐明了对教育制度的强烈意见。对我来说，最走运的是，阿米尔在“触及印度”活动和电影《地球上的星星》中也谈到了教育。所以，机缘巧合，我俩凑到一起，拍摄了这部两人都坚信会成功的影片。

和我最近的两部电影相比，这部电影更加轻松。有了两部电影的成功，人们就会对你另眼相看，更何况，拍摄之前我的剧本就准备得很好了。最后，我和一批高度敬业的演员一起完成了合作。这里，我要特别提到阿米尔·汗，对我来说，他是磐石一样坚定的后盾。我们一般每天从早晨七点开始，拍摄十二个小时，他凌晨四点半就会起床，然后为了改变形体打羽毛球，七点准时到片场。当一部影片的演员们对影片持坚定的支持态度时，一切就容易多了。

也出现过一些常见的拍摄问题。比如说当我们到拉达克时，那里正在下暴雪，我们无法拍摄只好返回。带着两百人两次进拉达克可不是件容易的事情。

纵观整个拍摄过程，阿米尔和所有演员都给了我极大的支持。按照惯例，

① 译者注：采访时《三傻大闹宝莱坞》尚未上映。

通常都是剧组工作人员先到片场，然后演员姗姗而来，早早离开。但是，拍这部电影时，演员们总是和我们共进退。

我们去了印度管理大学拍摄，并住在校园里。那是一段很难忘的经历，演员因此得以更加贴近学生的角色。

通常拍摄结束时，人们想要赶紧回家，就会借题发挥，随意发火。但是，离开 IIM 时，大家都很不舍，学生们不愿让我们离去，我们也不想走。阿米尔想在那里多拍一阵子，但是真的没什么好拍的了。

回顾《三傻大闹宝莱坞》里的阿米尔·汗，我认为他太懂电影了。他做过助理导演、导演和制片人，对电影有体系化的认识。

阿米尔对这部电影的意义重大，主要有以下几点——

第一，对于导演来说，最大的财富就是懂得电影制作流程的演员。这一巨大的优势陪伴了我们拍摄的 125 天，这期间，我从没有见过他抱怨。很多演员都是坐在一边等他们的戏份，一坐可能就是两个小时，这段时间他们无所事事，就经常催促着“快点儿！”但是阿米尔从来不这样，他懂这个过程，知道拍电影很花时间。

第二，当他站在镜头前，我在镜头之后时，他能听懂镜头说的话。不管你用什么镜头，他都知道在镜头前要走多少步，什么时候转身。这是来自多年拍摄积累的经验，其他演员或许也可以做到，但是毫无疑问，阿米尔·汗的功力达到了炉火纯青的境界。

第三，阿米尔能快速领悟导演的要求，并且马上达到效果。实话实说，在开机之前，我听说过一些关于阿米尔·汗横加干涉导演工作的不太好的传闻。但事实上，这样的事情并没有发生。要是他有意见，就会提出来，不过，最后他会说：“你来决定，我听你的。”他适应得很快，要是你想做改动：“不要这样，阿米尔，不要这么看着它。”他很快就能做出改变。这对于导演来说，真是太棒了。

阿米尔从来不在拍电影过程中参加节目或拍摄广告。就算凌晨两点你把他叫起来拍摄，他都能准时到片场。所以，他给导演的，绝对是一心一意的工作态度。作为导演，还能有什么奢求呢？

在这部电影里，阿米尔要尝试扮演一个二十二岁的大学生。这无论对他，还是对我们来说，都是一个大挑战。但是，我们最终办到了。我们觉得，如果一个演员能扮老，那他就一样也能扮嫩。为了满足年轻的外形，他做了很多努力——从衣着到长相各个方面，他锻炼、节食，付出了很多。其中有一件事，他在拍摄期间一直坚持着，就是早起打羽毛球，用以保持脸部紧张。在每天拍摄十几个小时的情况下，可没那么容易坚持。然而，他就是做到了。

进展一个月之后，每天面对长时间的拍摄，就不是轻松的事情了，但阿米尔从不会显露疲态。他最卓越之处就是对工作的奉献精神。

当我们在拉达克拍摄的时候，处在海拔一万七千英尺的高地。阿米尔喘不上气，我们只好为他配了氧气瓶。有些镜头要求他奔跑，而在拉达克奔跑可不容易，因为在那样的海拔高度下，氧气稀缺，大概跑到正常距离的一半，你就会晕过去。他先拍了一条，回来坐着吸氧。如果是其他人，一定会说："太难了，我拍不来。咱回去吧。"但是，他知道这是自己必须完成的戏份，坚持拍摄。

所以，一言以蔽之，他彻底地把我"毁掉"了。和他合作以后，再让我和别人合作简直太难了。我不是贬低别人，只是认为阿米尔作为演员的确太难得了。他愿意做你想要的任何事，从不疲倦，毫无抱怨。

第十章

晨光永存

“导演是我最初的梦想，希望不久之后能实现。”

——阿米尔·汗接受《印度电影观众》采访，1990年

“我觉得阿米尔有成为导演的潜质，他有朝一日定会成为导演的，虽然我并不清楚他会是哪种类型的导演。他特别聪明，对电影的事情一清二楚。然而，我想知道他是否敢于冒险，是否有过人的胆识。毕竟对于导演来说，只有经历了痛彻心扉的失败，才会走向最终的成功。”

——谢卡尔·卡普[1]接受《印度电影观众》采访，1994年

“要是想导电影，我会去导演自己的作品，而为什么要去干涉别人的作品呢？”

——阿米尔回应“干涉影片制作”的指责

一直以来，阿米尔都承认，他骨子里隐藏着导演的本性。有的人预测，阿米尔·汗很快就会转型成为导演。有的人则指责阿米尔·汗对电影制作横加干涉。但是，当阿米尔·汗首次执导，却是出于意外。他冒着很大的风险，蔑视常规，

① 译者注：印度国际知名导演和制片，作品《伊丽莎白》和《伊丽莎白2：黄金时代》得到七项奥斯卡提名。

打破惯例。他曾定下“绝不参演自己执导的电影”的规则，却被自己打破了。他可以在没做多少准备的情况下，就决定接手一部电影，也可以为了一部电影身兼制片、导演和主演等数个要职。

是什么在驱使电影人阿米尔·汗呢？在《导演的剪辑》面对卡比尔·贝迪时，阿米尔回应道：“是讲故事的兴奋感，和讲一个复杂故事的挑战性一直在激发着我。逆流而上或另辟蹊径时，我感觉很刺激……冥冥之中，总有什么东西，把我吸引到那些看似不该拍的故事上来。”

在这种精神的鼓舞下，阿米尔·汗制片公司进行了多次极具勇气的尝试，经常显得与时下其他电影格格不入，包括《自杀现场直播》《孟买日记》以及《德里囧事》。

《自杀现场直播》是一部关于印度农村生活的黑色喜剧。来自阿迪瓦西的演员们，首次面对镜头，也是导演阿努莎·里兹第一部进入圣丹斯国际电影节，并成为首部进入竞赛单元的印度电影，之后又作为印度官方选送作品，参与第八十三届奥斯卡奖最佳外语片的角逐。

《孟买日记》讲述了四个孟买主人公的生活片段。本片在多伦多国际电影节上首映，获得极大反响，在印度也得到了影评界的好评。影片对孟买这座城市的深入刻画，使其广受赞誉。《印度斯坦时报》总结说：“孟买是这部电影关注的中心。这世界上大概只有孟买，多个阶层，紧密结合，汇成一条充满伤痛、美丽与梦想的河流，人与人之间，在不经意间产生关联。这部电影值得大力推荐，它的真实震撼人心，我觉得这些赞美都非常苍白，但是脑海中再找不到更合适的词汇了。”

《德里囧事》则是一部奇葩之作，是宝莱坞工厂加工出的一部英语电影。由阿比内·戴欧导演，面向世界观众，而不是仅仅局限于印度。

然而，印度的电影市场能给这些影片一席之地吗？阿米尔认为没有问题。

这是他目前最有冒险精神的实验，就此模糊了印度电影和国际电影的界限，很有可能影响到整个印度电影业。2009 年，阿米尔在 M 杂志专访时说："我觉得这些电影有潜力娱乐全世界的观众，所以，我对它们的定位就是面向全球。制作一经完成，我就要把它们带向全世界，把它们交给国际发行方，不只让印度观众观看，也希望世界各地的观众看到……这就是我消除制作风险的办法。"

阿米尔·汗虽然是演员身份，但他的视线瞄准的是更广阔的地平线。

“一个令人振奋的故事，既感人又有趣；这是本片的闪光点。”

——2007 年 ,BBC

“《地球上的星星》，可以改变你的一生。”

——2007 年，CNN-IBN

“毋庸置疑，这是年度最佳影片。”

——2007 年，《今日印度》

“拍电影的确是个挑战，拍一部和儿童有关的电影，则是个更大的挑战。但是，我们甘之如饴，乐在其中。”

——《地球上的星星》阿米尔

这是一部没有爱情戏份的电影，明星在下半场才露面。即使放到阿米尔看过的诸多棘手剧本中来比较，《地球上的星星》也算是最有风险的。但是，阿米尔不光出演了电影，还制作并且执导了它。这一切完全是信念使然。

这部电影讲述了一个有着学习障碍的孩子，伊夏・南德克舒尔・阿瓦斯提（由达席尔・萨法瑞饰演）调皮捣蛋，成绩糟糕，父母只好把他送到寄宿学校受管教。在那里，一位特别的老师，拉姆·山卡·尼克（由阿米尔·汗饰演），发掘出了这个孩子真正的潜力。开机伊始，《地球上的星星》是由阿莫尔·古普特执导的，他也是这部戏的编剧。七年前，这部电影还只是个短篇故事，名字叫《跳高》。在经过很多次研究修改后，阿莫尔和妻子迪帕·巴提雅完成了剧本，命名为《地球上的星星》。

阿莫尔联系到了他的老友阿米尔，之前他们在《胡里节》和《胜者为王》中有过合作。但是，他没有要求阿米尔·汗出演。2008 年，阿莫尔在接受《印度斯坦时报》采访时这么说："我没有勇气要求阿米尔·汗出演我的电影，也没有那样的野心，只想拜托他帮我问问阿克夏耶·坎纳是否有兴趣出演，我看过阿克夏耶在《心归何处》中的表演，他饰演了一个情感细腻的画家。但是，阿米尔听说我的剧本与孩子有关，就想听听看。"听完之后，他就同意制片并出演这部电影。2008 年接受《辛尼·布里兹》采访时，阿米尔回忆："听完剧本后，我很感动，坐在阳台哭了，当时就确定：我一定要参与这部电影，和所有人分享我的感受。"

然而，拍摄一开始，两人就产生了分歧。最终的结果是，导演由阿莫尔换成了阿米尔。阿米尔对《辛尼·布里兹》说："开机一周以来，阿莫尔推进得太急，我不太喜欢他的成果。我当时都对这个片子有些丧失信心了，就和他摊牌，决定把主动权完全交给他：'剧本是你写的，掌控权在你手上，我想退出，不做制片人，也不想出演了。'"但是，阿莫尔找到了阿米尔，以自己的退出请他留下。

后来，阿米尔为本片寻找合适的导演，但新导演需要时间熟悉剧本。这样他们又要白等一年，也让他们找到的孩子们白等一年。就这样，阿米尔决定出山，自己执导。

《地球上的星星》团队

阿莫尔的团队变成了阿米尔的团队。有一个人的增援至关重要，就是阿米尔的妻子基兰。她也是这部电影的制片人，当阿米尔决定拍摄《地球上的星星》时，基兰放下了一切事物，参与到电影的制作中来。后来，阿米尔将基兰视为执导这部电影最大的助力。他说："当一部电影成功时，就会有很多人跳出来分享荣耀。其实，真正重要的，是在导演遇到挑战时，陪在他身边，不离不弃的人……哪怕电影失败，他们也会坚定不移地支持你。这些人才是真正为电影做出贡献的人。"他还说："作为导演，有一个能够交流意见的人很重要，他们有一样细腻的感觉，互相信赖……在这部电影中，我的这个人就是基兰。"

《地球上的星星》的成功，是对这对夫妻档的赞颂。

导演开工

在合作过的人口中，作为演员时的阿米尔最让人"苦恼"的特质，都在他当导演时变成了优势。这位以周密准备闻名的谋划者，从第一天起，就进入了工作状态。他首先花了两天时间重建了外景，和助理及各部门的负责人保持密切沟通。他说："突然间，我不得不全盘负起责任，鼓起勇气拍下去。"

阿米尔重视细节的特性就此显露出来，让他的导演工作与众不同。不论是设计读写障碍儿童的字迹，还是拍摄月落日升的场景，只要与艺术相关，阿米尔导演都不会妥协半步。影片团队也在研究背景资料上下足了功夫，每个镜头，每个元素，都有理有据，力求完美。

做导演，还意味着做决定，这些决定可能关系到整部影片的效果。举个例子，影片中有一段课堂上的歌舞戏，在儿童舞蹈演员和普通孩子之间，阿米尔选择了没有受过训练的小学生，因为这样更真实。当然，这就意味着他要应付突发情况。

一直与剧组打交道的阿米尔，现在要领导一群儿童了。在《印度往事》中，他指挥过一万多个群众演员，在《地球上的星星》中，他则组织1200个孩子，精心安排了一场绘画大赛。

塑造拉姆·山卡·尼克

从导演到演员的身份转换，意味着工作方式的转变。阿米尔工作的专注是人尽皆知的，然而，要应付多项任务还是有难度的。当他带领着1200个孩子时，他也就真成了拉姆·山卡·尼克。从外在来说，阿米尔没有做什么调整，他扮演的尼克是个年轻细腻的老师，是一个任何孩子都能亲近，并愿意信任的成人。他化装成小丑，在《摇摆摇摆》的歌声中闪亮登场。阿米尔塑造尼克时，最重要的特点与《情牵一线》里的拉胡尔·马路特拉一样，他总能适时地出现，让焦点留在孩子们身上，确保自己不会抢了他们的风头。

每个孩子都是独一无二的

正如电影宣传语说所说："每个孩子都是独一无二的"，《地球上的星星》对待电影儿童演员的方法也很特别，这从为角色伊夏选角的独特方式就能看出来。阿莫尔在2008年接受《印度教徒报》采访时回忆说："方法其实特别简单，伊夏翘课在城里闲逛这段，有几句台词，我们若无其事地给孩子们讲这个故事，然后问：'如果是你，你会怎么说这些话？'我们就是这样了解了孩子们的各种反应，完成了试镜。"就像阿莫尔说的那样，他们要找一个有着"淳朴活力的孩子"。很多次试镜之后，在施阿马克·达瓦的"夏日放克"舞蹈学校里，他们找到了这个男孩。达席尔·萨法瑞试镜后，阿米尔和阿莫尔就知道，他们找到了伊夏。

在达席尔身上，阿米尔发掘出了他不加雕琢的演员潜质，让所有人都忘记了他只是个孩子。拍摄的唯一困难是达席尔拍哭戏的时候，他对阿米尔说："阿米尔叔叔，我真的哭不出来！"于是，阿米尔就手把手教达席尔完成了哭戏。

教室里的戏份，取景于潘恰格尼的新时代寄宿学校。剧组需要花很大精力，才能让孩子们在拍摄时保持兴奋状态。实际上，孩子们为了电影牺牲了假期时间，不得不待在学校里拍戏。当然，他们之前没有一个人演过戏，这让阿米尔很是满意，第一次见面时，阿米尔就告诉他们："你们都是电影里非常重要的演员，每个人都是不同的。"进入教室拍摄的四十个孩子，每人都有设计好的动作。正因如此，《地球上的星星》中的背景也非常丰富而独特。

有些镜头很有挑战性，比如说食堂的戏份，阿米尔找来了四百个儿童演员，拍摄时他们都不能看镜头。

由于有阿米尔这个广受喜爱的演员加入，孩子们都激动万分，而阿米尔正是利用这一点来指导他们的表演。尽管他需要一边执导，一边表演，在完成自己的戏份时，他依然会给予每个孩子所需的关注。

在《地球上的星星》的拍摄花絮中，基兰谈到了阿米尔和孩子们的互动。"他像个'孩子王'一样，教室是他的地盘，有的孩子像崇拜英雄一样崇拜他，有的则把他当成了亲密的伙伴。”就像《情牵一线》里一样，儿童演员和成年职业精英，两类人的互动，赋予本片独特的内涵。这也是阿米尔推崇的另一个独具代表性的主题。

本片上映后，得到了口碑和票房的双丰收，成了当年最热门的电影之一。《印度时报》如此推荐它：“这是一部所有学校、所有家长都务必要观看的影片。”《电讯报》把本片对观众的吸引力总结得非常到位：“《地球上的星星》是一部接近你、依偎你，最后注视你的影片，和你以往看到的都不一样。”

阿米尔的导演处女作斩获了五项印度电影观众大奖，包括最佳导演奖。与这部电影一样与众不同的是，大明星阿米尔得到的是最佳男配角的提名，素人儿童演员达席尔得到了最佳男主角的提名，而他的竞争对手包括阿克谢·库马尔、阿布舍克·巴强、沙希德·卡普以及沙鲁克·汗。这是印度电影观众奖历史上第一次提名儿童为最佳男主角。

达席尔对此倒是童言无忌：“在电影里我演主角，当然应该是我被提名男主角啦。”最终，达席尔输给了《加油印度》中的沙鲁克·汗，不过拿到了影评人评选的最佳表演奖。他战胜了印度电影界的很多成年演员。

《地球上的星星》还得到了三项国家电影奖，包括最佳家庭电影特别奖。本片被印度推荐到2009年奥斯卡，参与最佳外语片的评选。然而，在西方市场，反映残疾儿童主题的电影太常见了，影片没有得到完全的好评。不像《印度往事》那样广受赞誉，《地球上的星星》的歌舞形式和片长受到了质疑。

在印度，《银幕》杂志赞扬这部电影“与众不同”。而在美国，《综艺》杂志则批评它“刻意表现关爱，缺乏生动的角色”。最后，《地球上的星星》没有入围奥斯卡提名名单。

但是，这部电影却得到了来自各方面的支持。在为国际读写障碍联合会放映此片时，它大受欢迎，很多观众热泪盈眶。在印度得到的回应也是如此。

这是一部让人无法自拔的小众电影，它有着伟大的教育意义，抓住了全印度人的想象力。它以特有的方式，拨动了全球有相似经历的人的心弦。

首次执导，阿米尔就重新书写了游戏规则。

《老鼠与猫》因其描述的世界和人物，在青年人中迅速流传开来。

——《印度教徒报》2008 年

又是一个备受冷落的剧本，又是一部差点无法问世的电影。阿米尔·汗又站了出来。《老鼠与猫》由阿巴斯·泰来瓦拉编剧。阿巴斯凭借《宝莱坞之不可能的任务》《麦克白》的剧本改编，以及《黑帮大佬医生梦》《日月相祝》的对白成名。《老鼠与猫》是阿巴斯第一次以导演身份把自己的剧本搬上大银幕。

整个故事似曾相识。一对年轻死党，坚信他们只是好朋友，却逐渐发现他们相爱了。和许多年前的《冷暖人间》一样，这部电影与众不同。电影里的角色、内容、对白都很贴近生活，这让剧本显得富有青春活力。情节，还有男女主角的选择——伊姆兰·汗和珍妮莉亚·狄索莎都新鲜感十足。这两位演员没有明星光环，看上去和邻家男孩女孩没什么区别。

此刻，纳西尔·侯赛因的外孙、曼苏尔与阿米尔的外甥伊姆兰·汗正式进军电影院，他的妈妈曾为《冷暖人间》的剧本和《灰飞烟灭》的台词润色过。经过很多次延期，阿巴斯的制片人放弃了《老鼠与猫》，就连阿巴斯自己也失去了信心，觉得无路可走了。绝望之际，阿米尔提出想听他讲讲剧本。听完这个故事，阿米尔表示自己很喜欢，同意制作这部电影。但是，他之前没看过阿巴斯执导的作品，阿巴斯就试拍了几个镜头，阿米尔对此非常满意。《老鼠与猫》的拍摄就此开始。

虽然阿米尔的亲外甥是主演，但《老鼠与猫》不是专门为伊姆兰个人打造的影片。在接受宝莱坞一家网站采访时，阿巴斯说，“我是因为想拍这样一个故事才写的剧本。对我来说，剧本才是最重要的，有了剧本才去找适合的演员。伊姆兰也没有因为他的身份被优待。我很走运，因为就连制片人阿米尔也不相信什么‘一炮而红’，他还一直让我们不要给伊姆兰搞特权。我们只是试图去还原人物和剧本，仅此而已。”

继《印度往事》和《地球上的星星》之后，这是阿米尔·汗制片公司的第三部作品，也是第一部阿米尔·汗没有参演的作品。

对于导演阿巴斯来说，拍摄处女作时多少会产生自我怀疑，而此时，阿米尔·汗对剧本的信任就显得尤为重要。是阿米尔坚定不移的鼓励，让他坚持按照剧本拍下去。那时，阿米尔正忙于《地球上的星星》的拍摄，他知道拍摄团队在片场需要一个制片人，就向一位值得信赖的导演曼苏尔·汗求助。退出影坛多年的曼苏尔，又一次成了电影制片人。

当影片准备上映时，阿米尔·汗开始为宣传积极奔走。已经多年没有亲近媒体的他，又出现在电视节目上，把伊姆兰、珍妮莉亚和阿巴斯介绍给印度观众。观众给了伊姆兰热情的欢迎，他的星途就此开启。

由于制作精良、宣传周密，《老鼠与猫》上映之后获得了巨大成功。主创们当时也很担心，因为影片的上映日期与另一部电影——宣传得天花乱坠的《2050 爱情故事》撞到了一起。但是，充满新鲜元素的《老鼠与猫》完胜《2050 爱情故事》。《老鼠与猫》成了 2008 年大热电影之一。更不寻常的是，这种类型的电影得到了影评界的较高评价，只有 CNN-IBN 批评这部电影是“毫无新意的宝莱坞爱情片”，雷迪夫网则盛赞其“演员阵容稳如磐石，堪称完美”，《印度教徒报》这样形容本片在印度国内的受欢迎程度：“每代人都珍视成熟优质的影片，这些影片伴随着他们成长。二十年前，阿米尔·汗初登银屏，凭借的就是那个年代最优秀的电影之一《冷暖人间》……如今，新兴的一代有这部《老鼠与猫》，它一样能够被人铭记很长时间，同时宣告了另一位‘汗’的到来。”

伊姆兰的表演为他赢得了广泛好评，也一举斩获印度电影观众奖的最佳男演员新人奖。二十年前，阿米尔·汗就是赢得了这一奖杯，开启了他的演艺道路。自此，又一位新星诞生了。从某种意义上来说，这一刻对于阿米尔也十分特别。自从拉吉·卡普和戴维·阿南德那个时代之后[①]，印度再度诞生了一位集导演、演员、制片于一身的全能电影人——阿米尔·汗，他用作品证明了自己的实力。

全能电影人阿米尔·汗，步履不停。

《老鼠与猫》——超越平庸

作为参与制作了三部大热电影的印度优秀电影人，曼苏尔·汗分享了他制作《老鼠与猫》的经历，以及他眼中阿米尔的蜕变——

曼苏尔·汗：

《老鼠与猫》是我搬到这里（古努尔）后接手的，我原本不打算再拍任何电影，也不打算回孟买了。参与这部电影，完全是因为我的外甥。各种原因导致这部电影的制作停滞不前，快开机时，阿米尔被《地球上的星星》缠住了，他给我打电话说，“事情就是这样，你明天必须得来瞧瞧”。

① 译者注：这里指两位大师级演员活跃时期，即 20 世纪 40 年代到 60 年代。

《冷暖人间》和《老鼠与猫》之间有相似之处吗？首先，这是两部完全不同的电影，唯一的相似之处是阿巴斯对角色的处理。当角色说话时，总是带有某种率真，这与《冷暖人间》里一样，这样的处理很新鲜。这是两部电影唯一的相似之处。除此之外，无论是电影的主题、手法，还是结构，都是截然不同的。

当然，两部电影都是新人团队制作的，这也是两部影片的一大共同点。观众们比较倾向于将这两部电影描述成两位大“汗”演艺生涯的开篇，但是除此之外，单独看电影本身的话，它们的剧本故事完全不一样。

我若大胆猜测阿巴斯心中所想，就会觉得他应该是蛮“狡猾”的。他选择了一个很老的故事——朋友变恋人，然后用更有趣、更与时俱进的方式来叙述它。这和《冷暖人间》也有相似之处，其实《冷暖人间》就是借鉴了《罗密欧与朱丽叶》的故事，同样老旧的情节，一对相爱的男女，因为家庭原因没有在一起。但是，他把剧本写得很巧妙，情节峰回路转。两部电影都是以非传统的方式，讲述了一个传统的故事。除此之外，两部影片再无共同点。

这两部电影都获得了观众的喜爱，但是原因不尽相同。我不善于和媒体打交道，所以，《冷暖人间》的成功完全依赖的是影片本身，片子好，观众自然口口相传。《老鼠与猫》也是部好电影，但是，阿米尔在宣传中起了巨大作用。他在合适的时间发布电影，在正确的场合露面，把媒体的效用最大化。他很精通这些，这大大助力了影片影响力的扩散。当然，如果没有这些，《老鼠与猫》照样会赢得赞誉，只不过比不上现在这样轰动。所以，宣传是个重要因素。这无可厚非，阿米尔并没有夸大其词，这的确是部好片，值得他如此对待。

我不是特别善于宣传艺术，但是阿米尔不一样，这就是本片的宣传非常突出的原因。我只是参与了拍摄，而阿米尔参与的是宣传。这是他制片的作品，他知道怎样才会做得更好，这是个关键的因素。何况这确实是一部非常值得观看，也特别有意思的影片。无论是伊姆兰，还是珍妮莉亚，以及其他所有角色，都赢得了人们的喜爱。很难说如果没有阿米尔如此大的宣传力度，这部电影是否能像今天这样出色。为了等待合适的上映时机，他甚至冒着风险，把影片推迟了半年。这些因素对《老鼠与猫》的成功都很重要。

在今天这个社会，人们奔波忙碌，影片繁多，使人应接不暇。和《冷暖人间》那个时代相比，要想吸引观众的注意，就需要给到更多东西。所以，你必须有更好的准备以及更周密的设计。

从《冷暖人间》到《老鼠与猫》这段时期，我认为阿米尔最有代表性的作品就是《印度往事》。那是最有里程碑意义的影片，不仅仅是对阿米尔，对电影界也是如此。《印度往事》开创了很多先河——主要语言是阿瓦迪方言，采用同期声，以及单线程拍摄。这些印象中只在好莱坞运用的拍摄技法，都是由这部电影引入印度的。

阿米尔在《印度往事》中起到的作用无与伦比。他在信念的驱使下，建立了一家制片公司，以拍摄最佳电影为使命。他支持导演工作，却不打乱导演的工作方式。他不遗余力，把所有时间和精力都奉献给了电影。

我不想干扰阿素托史的任何看法，不想阻碍他的剧本重写计划。他曾经给阿米尔读过剧本，而阿米尔不喜欢。于是他修改剧本，直到阿米尔满意。这也能看出来阿素托史为了剧本用心之深。

总之，人们习惯用“完美先生”来称呼阿米尔，但是总有一些人说这话时暗含贬义。如果这种评价放在一个好莱坞名人身上，当然是赞美，但是在印度的媒体的口中，“完美主义者 ”反而是一种讽刺。我希望印度主流媒体停止这样无聊的报道。阿米尔用他的行动一次又一次证明了，他是唯一一个能给足你六个月，并且在这期间完全听命于导演的演员。他值得他的每一分身价，他颇受争议的“完美主义”，恰恰是他价值中不可或缺的重要部分。阿米尔注定要为此战斗到底。

“完美主义”这个词被滥用，以至于我们模糊了它的真正含义。“完美主义”意味着你对任何事情都了然于心。正因有如此品格，阿米尔才会去了解一项工作的方方面面，并及时提供支持和帮助。

我们所有人都想成就伟业。但是，绝大多数人都没有足够的耐心，而是走捷径、找借口。阿米尔做事有始有终，从来不会迷失方向。我从他身上学到了很多，当初我们在一起工作时，他也会因为我们的惰性而严厉批评我们。所以我觉得，注重细节、追求完美、无私奉献、全神贯注……他身上的这些品质值得被人尊重。

圆满

“每个导演都会经历自我怀疑……这时他需要有人给他力量，安慰他，让他放心……我觉得这是我最大的优势，我强大的意志、奉献的精神和热情的态度让我无条件支持他们完成电影。我觉得这是我最擅长的事情，比起演员和导演，我更像是个合格的导演助理。”

——阿米尔·汗

坚持原则、坚持自己的表演方式、全心全意地奉献——这些是阿米尔·汗从影二十年来不可或缺的重要品质。他的蜕变，来源于他的自知；他的成熟，来源于他不拘一格、兼容并蓄。然而，阿米尔从来没有刻意地改变过自己什么，他是在自己的影片中不知不觉地成长起来的。他跟随电影一起成长，在遵守规则和打破常规之间取得平衡，从不屈从权威。

他能把流行电影和现实主义结合起来，标新立异，却又浑然一体。他一直拒绝被定型，二十多年来一直身处印度一线影星之列，保持印度青年心目中的偶像地位。一次又一次，他用他无与伦比的声望，为电影业做出巨大贡献。最近十年，印度电影界出现了很多令人耳目一新的影片，而这些影片中，有很多正是有他的参与，才免于被埋没的命运。

他是一个有思想的演员，不是说他才智过人，而是指他善于用头脑来克服逆境。

在印度电影界，通常情况下，当一位巨星闪耀了二十年之后达到事业巅峰，很难再更进一步。阿米尔又一次颠覆了传统，他的旅程才刚刚开始。

对阿米尔来说，巅峰意味着夕阳的追近。而他所追寻的，是永恒的晨光。

▲ 纯商业电影《印度拉贾》

▼ 《印度拉贾》中吻戏前的阿米尔·汗和卡瑞诗玛·卡普尔

▲ 《真爱无敌》海报，印度国家电影资料馆

▲ 《古拉姆》海报，印度国家电影资料馆

▲ 《义无反顾》海报，印度国家电影资料馆

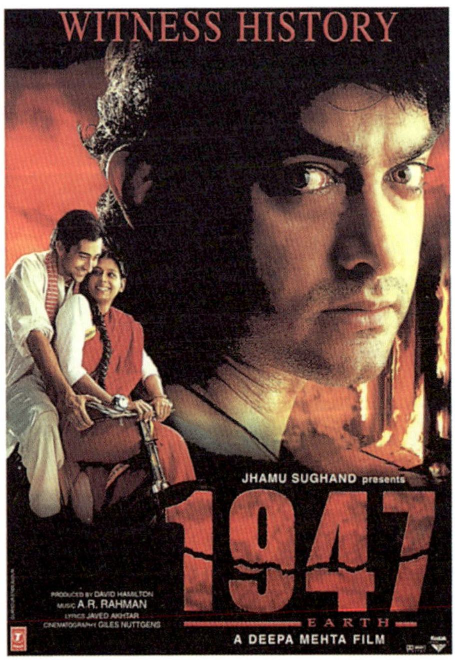

▲ 《大地 1947》海报，印度国家电影资料馆

▲《印度往事》海报

从《真爱无敌》到《印度往事》，阿米尔·汗戏路多变

▲ 青年偶像归来：《心归何处》中的阿米尔·汗，印度国家电影资料馆

▲ 《心归何处》中，擦出火花的阿米尔·汗和普丽缇·泽塔

▲ 《心归何处》中的不老男神——阿米尔·汗和赛义夫·阿里·汗、阿克夏耶·坎纳

▲ 《芭萨提的颜色》海报，印度国家电影档案馆

▲ 《芭萨提的颜色》片场，在彭雅思和索哈·阿里·汗的注视下，阿米尔·汗在为他扮演的革命先驱酝酿情绪

▼ 《芭萨提的颜色》中印度新时代的革命者

▲ 《地球上的星星》海报，印度国家电影资料馆

▲ 作为导演的阿米尔·汗在《地球上的星星》片场

▲ 阿米尔·汗与宝莱坞演员、导演、制片人费罗兹·汗一同参加宴会

▲ 阿米尔·汗与希里黛玉一起为《电影》杂志拍摄封面

▲ 阿米尔·汗与宝莱坞制作人罗尼·斯克鲁瓦拉在《阿克巴大帝》首映礼

▲ 《未知死亡》中向硬汉转型的阿米尔·汗

▲ 在《未知死亡》片场的阿米尔·汗，被摄影师捕捉到的“沉思一刻”

▲ 《未知死亡》庆功会上，阿米尔·汗与萨尔曼·汗在一起

▲ 《三傻大闹宝莱坞》里，阿米尔饰演标新立异的兰彻

▲ 《三傻大闹宝莱坞》三人行，根本停不下来——阿米尔·汗、马德哈万和沙尔曼·乔什

AAMIR KHAN PRODUCTIONS presents
dhobi
ghat
(mumbai diaries)
written and directed by
KIRAN RAO

▲ 《孟买日记》——新式影片先锋

▲ 第一次一人分饰两角的阿米尔·汗，在片中与女主角上演高难度魔术表演

▲ 《我的个神啊》中初次造访地球的 PK，遇上美丽的女主角

▲ 阿米尔的逆生长。《摔跤吧，爸爸》发布会上，年轻的阿米尔站在电影海报前，与海报上的老年形象对比鲜明

第十一章

最近五年，不改我行我素

2012 年到 2017 年的五年时间，这个世界发生了很多变化。2012 年 4 月，本书首次出版的时候，推特还没有大行其道；在印度一石激起千层浪的“零容忍”[①]讨论，还没有分化印地语电影业；那时的阿莉雅·布哈特[②]在印度也还默默无闻。

到 2016 年，阿莉雅因其主演的电影在各大颁奖典礼上大放异彩，凭借《迷幻想旁遮普》《美好的人生》和《卡普尔家的儿子们》等电影中的优秀表现在印度迅速蹿红。然而，这颗冉冉升起的新星，像其他的新生代一样，在 1988 年的时候还没有出生呢，那正是曼苏尔·汗用《冷暖人间》中永恒的爱情故事迷倒了一代人的时候。短短五年时间，世界和电影圈和过去大不相同。

然而，无论世事怎么变化，有一件事是不变的——电影作为沟通的桥梁，一直在发挥着鼓舞人心的作用。

2016 年 12 月 22 日，距离阿米尔·汗的新片《摔跤吧！爸爸》上映只有一天了，在推特上依然有“抵制《摔跤吧！爸爸》”的话题。尽管这部影片上映前很被看好，但是抵制的声音依然会削弱它的票房。

① 译者注：指印度“零容忍”反腐运动。

② 译者注：印度女演员、歌手，2012 年以电影《年度最佳学生》进入演艺圈，是宝莱坞新生代领军人。

由 2016 年 11 月 23 日《印度快报》颁发拉姆纳斯・戈恩卡奖开始，就陆续有知识分子、作家和电影协会成员将政府颁发给自己的奖项退回，以此对印度右翼政党领导的政府表示抗议，为印度“零容忍”运动发声。

在颁奖集会上，新媒体《印度快报》的主管阿南特・戈恩卡，就印度时下热议的“零容忍”话题，向阿米尔提出了几个问题。最初，阿米尔一直避免对此发表意见。但是他从来不对社会问题含糊其词，于是，他又一次涉水其中。

阿南特问阿米尔：“你是否认为知识分子和影视兄弟协会对政府的抗议有些草率？”阿米尔回应说他对报纸上的报道也感到失望。他补充道：“基兰和我从出生到现在一直生活在印度，但最近，她第一次问我：‘我们要离开印度吗？’对基兰来说，离开印度无疑是最坏的打算，她为孩子感到担心，不知道我们会面临着什么，每天她都不敢打开报纸。莫大的不安感正在人群中滋生……这种气氛会让人感到沮丧和低落……事情为什么会变成这样？我也不可避免地会受到这些情绪的影响。”

顿时，一切都乱套了。阿米尔家的隐私问题引发了全国热议，人们的观点不尽相同，电影兄弟协会内部甚至很快就产生了批评的声音。阿努帕姆・克尔曾与阿米尔在《爱在旅途》中合作过，他在推特上首先发难：“什么时候我们了不起的印度对你来说成了忍不了的印度？就因为这短短七八个月时间吗？”在《假假真真》里和阿米尔有过合作的拉维・唐顿也认为阿米尔这样说是出于政治动机。甚至，从不公开发声的昔日明星瑞什・卡普也发了这样一条推文：“阿米尔・汗先生，阿米尔・汗太太，当国家政治系统出现问题时，要尝试着改进它、修正它，不要想着逃跑，这才是英雄主义！”

当然，在电影兄弟协会中，也有人站在阿米尔一方。此前的电影界，人们更倾向于冷眼旁观，不发表意见，但是，这次的争论似乎分裂了电影产业。

阿米尔后来指出，他从来没有说印度是一个不宽容的国家，只是目前的情况引起了一些人的不安，而这种不安是需要解决的。可惜在当时，没有多少人用心去听。

印度官方的“不可思议的印度”运动曾由阿米尔任形象大使，而现在，政府也开始重新考量大使人选了。尽管官方否认这一决定与此事相关，但并没有多少人相信。这一事件甚至对 Snapdeal [①]产生了影响，因为阿米尔是这一企业的品牌大使。已经有大量用户从手机上删除了 Snapdeal 的应用，这家电子商务网站遭受了巨大冲击。

这位曾经被曼苏尔描述为“人们真心实意地喜欢”的演员，这位广受欢迎的明星，难道就这样被击垮了吗？

正是在这种背景下，《摔跤吧！爸爸》在印度公映了。

对于阿米尔来说，21 世纪的第二个十年，似乎开启了他“无争议”的表演时期。这要从《觅迹寻踪》(2012) 开始说起。本片由瑞玛·卡提执导，多年前，她曾是《印度往事》的副导演，就是她，邀请了基兰加盟，协助影片制作。此后，瑞玛凭借《蜜月之旅》正式开启导演生涯，该片也凭借独特的视角赢得了好评。

像《蜜月之旅》一样，《觅迹寻踪》的创作也针对特定观众群体。它被定位为悬疑片，而不是惊悚片。影片的叙事方法受黑色电影以及许多好莱坞经典影片的影响——大卫·林奇的《穆赫兰道》、阿尔弗雷德·希区柯克的《迷魂记》以及 M. 奈特·沙马兰的《灵异第六感》。不过，尽管瑞玛的影片能吸引票房，但能否吸引阿米尔呢？

瑞玛和卓娅·阿赫塔尔对此深信不疑。其实，她们早在九年前就写好了剧本，理想人选只有阿米尔一人。她们足足花了两年时间说服阿米尔听她们的剧本，

① 译者注：印度最大的在线交易平台。

一度几乎放弃。机缘巧合下，制片人瑞特什·希德瓦尼在和阿米尔谈论新电影方案时提到了这事儿。这才促使阿米尔自《义无反顾》之后，再一次扮演警察。

事实证明，主创们的直觉是正确的。《觅迹寻踪》尽管是小众电影，票房成绩却相当不错。尽管2012年它并未成为票房冠军，但却成了当年在海外票房最高的电影之一，同时跻身阿米尔本人作品的票房前六。

拍完标新立异的黑色电影后，阿米尔又参与了大热的《幻影车神》系列的拍摄。

拍摄《幻影车神3》（2013）是对雅什·拉吉制片公司的一大挑战。观众们太爱《幻影车神》系列，《幻影车神2》更是取得了惊人的成功，他们需要凭借《幻影车神3》延续这一系列的传奇。正是这一背景下，制片方邀请了阿米尔加盟。阿米尔迎来了他的又一部里程碑之作。

参演已被市场认可的系列影片，加上这还是一部特技电影，对任何演员来说都不是件简单的事儿。影片以芝加哥为背景，展开了一场激动人心的追逐战。这也是阿米尔二十余年的演员生涯中，第一次一人分饰两角。

影片的剧本毫无悬念地吸引了阿米尔。与他的另外两部商业大作《印度拉贾》和《未知死亡》一样，阿米尔也凭借着本片，成功扩展了自己的观众群体。他为《幻影车神》系列增添了浓墨重彩的一笔。

对于他的表演，评论家们却褒贬不一。塔兰·阿塔什在一家电影门户网站中赞扬了阿米尔的演技："《幻影车神3》中，阿米尔变为肌肉男，展示了线条分明的健美身材，还完成了令人难以置信的体操表演。他让你怀疑：有没有什么是阿米尔办不到的？"然而，另外一个评论家拉吉夫·马萨德可没那么容易取悦，他在新德里电视台的节目中评价这部电影为"松散的叙事加浮夸的表演"。

幸运的是，观众们对于《幻影车神3》可没有这么多看法。雅什·拉吉公司在系列电影中的努力和预设再次奏效，公司在之前电影中的套路在本片中又一次抓住了观众的眼球。世界各地的观众蜂拥而至，使它成为印度有史以来票房第五高的电影。

大银幕上出现一个外星人，从太空飞船中走出来，身无一物，只带着一个飞船晶体召唤器——这一经典镜头获得了空前热烈的掌声。这是阿米尔与电影人拉吉库马尔·希拉尼和维德胡·维诺德·乔普拉的第二次合作。如果说，从前阿米尔是用电影娱乐大众，那么在《我的个神啊》（2014）中，他是让观众陷入思考。

与《三傻大闹宝莱坞》和《黑帮大佬》系列相同，拉吉库马尔·希拉尼的叙事方式是将娱乐与社会问题相结合。与他此前的作品不同的是，《我的个神啊》是希拉尼通过一个试图分清迷信与宗教的一个外星人——PK 之口，向观众传达他的思想。

其实在此片之前，印地语电影界就有过质疑宗教的电影，所以成就了《我的个神啊》的伟大的还有它上映的时机。电影上映时，正处于“零容忍”爆发的前夜，因此，对于本片来说，这是一个最好的时代，也是一个最坏的时代。

扮演来到地球后不知所措的外星人 PK，阿米尔是希拉尼的首选，希拉尼想不出有任何一位演员，在表现角色童真般的无辜方面能胜过阿米尔。《印度往事》中，阿米尔塑造的布凡似乎就是如此。不同的是，PK 要保持双目圆睁，表情和动作要像机器人一样。影片中，他的九个造型，均要保持这一形象。然而，PK 的魅力并不在于他像机器人的一面，而在于其自始至终表现出的真诚。就像他在影片中告诉我们：“Humra gola par log jhoot nahi bolta hai.”翻译过来就是：“我们星球上的人从不撒谎。”

纵观世界电影，没有一个外星人角色和 PK 一样。扮演这一角色的过程中，阿米尔一直在寻找灵感。他甚至学习用比哈尔口音表演，给我们展示有史以来第一个说比哈尔方言的可爱外星人。

主演的真诚出演，以及后起之秀安努舒卡·莎玛的加盟，都是这部影片的加分项。不过，《我的个神啊》中最熠熠生辉的依然是它的台词，这得益于PK的外星人身份，希拉尼赋予了他很多耐人寻味的台词。例如，PK在剧中说："Kaun Hindu, kaun Musalman... Thappa kidhar hai dikha... Ye farak bhagwan nahi tum log banaya hai... Aur yahi is gola ka sabse danger wrong number hai."意思是："谁是印度教，谁又是穆斯林……给我看看，他们的印记在哪里？是你们割裂了世人，而并非神……这才是这个星球上最危险的错误。"

不出所料，全印度的右翼团体开始抵制这部电影。作为一部有争议的电影，《我的个神啊》触动了印度的民族主义中的一根神经——有人指责本片"反印度"。影片中的讽刺台词其实引发了对宗教的质疑，但这并不是主流声音。

然而，尽管极端组织"印度青年民兵"和"世界印度教会议"强行阻拦《我的个神啊》放映，但更多的印度人，却以从未有过的耐心，排着长队，期待观看这部影片，这是以往电影都没有过的待遇。在观众的支持下，《我的个神啊》成为印度首部票房突破30亿卢比的电影。

分析家们认为，本片对新一代印度人有着至关重要的意义。尽管许多人并不认为这是希拉尼或阿米尔最高水准的影片，但大多数人都承认，这是他们最勇敢的电影。

两年后，《摔跤吧！爸爸》在世界各地影院上映。

一开始，阿米尔似乎就面临着一个必败之局——一部关于摔跤的运动电影，没有浪漫桥段，更糟糕的是，角色是一群女孩子。这一切只有阿米尔可以拯救，似乎阿米尔也愿意接受这个挑战，愿意拯救这种触动人心的电影。

唯一的问题是，阿米尔并不想出演。当电影的导演兼编剧尼特什·提瓦瑞带着剧本来找他时，尽管非常喜爱这个剧本，他还是拒绝了——当时的阿米尔扮演的大多是年轻角色，而《摔跤吧！爸爸》需要他塑造一个衰老而大肚便便的退役摔跤手。这的确是阿米尔想要扮演的角色——不过是在十年之后。

然后，与阿米尔的许多电影一样，阿米尔对《摔跤吧！爸爸》的情感越来越强烈，最终同意了出演。他情不自禁地被这个故事吸引，这部作品最终也确实创造了辉煌。

故事发生在哈里亚纳邦的一个偏远乡村巴拉里，原型是鲜为人知的摔跤手马哈维亚·辛格·珀尕。当大多数父亲早早将还在上学的女儿嫁为人妇时，马哈维亚却将自己的女儿吉塔和芭比塔培养成了摔跤手，女承父业。从小村庄一路走出，吉塔在 2010 年英联邦运动会赢得女子 55 公斤级摔跤金牌，芭比塔则将 51 公斤级摔跤银牌收入囊中。但是，除了两名运动员本身鼓舞人心的经历外，阿米尔更被剧本中所传递的力量所打动。他后来说："每次听到影片中的对话，我都会捧腹大笑，也会热泪盈眶。"

《摔跤吧！爸爸》情节跌宕起伏，以年轻的主人公吉塔·弗加和芭比塔·库马里【分别由泽伊拉·沃西姆（童年吉塔）、法缇玛·萨那·纱卡（吉塔）、苏哈妮·巴特纳格尔（童年芭比塔）和桑亚·玛荷塔（芭比塔）饰演】为中心。因此，阿米尔和沙克希·坦沃（饰演他的妻子达雅·考尔）的表演必须富有张力，令人回味，却不能占据舞台中心。这方面除阿米尔无人能及，早在十多年前，他在《情牵一线》中就已经做到了。在五年前（2012）本书作者采访直言不讳的评论家、导演马赫什·巴特时，他正是出于此种能力称阿米尔为"勇敢的演员"。阿米尔在影片中，将焦点让给他的"女儿们"，成就了此片的核心价值，也成就了此片的成功。

另外，为了拓宽戏路，逼真地演绎每个角色，阿米尔也一直在坚持努力。《印度往事》中，阿米尔学习了阿瓦迪方言；《我的个神啊》中，他又学习了比哈尔方言；《未知死亡》和《三傻大闹宝莱坞》中，他努力改变了自己的形体。这一次，为了扮演马哈维亚·辛格·珀尕，他必须增重30千克。在大多数演员努力让自己显得年轻的时候，阿米尔却努力让自己看上去更衰老。后来，阿米尔决定在影片中展示一下马哈维亚·辛格·珀尕的年轻形象，以此作为减重的动力——如此，他只给了自己五个月的时间恢复体形。

除了试图对抗衰老，阿米尔和其他演员也在努力学习摔跤。所有演员都在印度女子摔跤教练克里帕·山卡·帕泰尔·比什诺伊的监督下训练。所有这些努力，都是为了确保在2016年12月，呈献给观众一部真实可信的诚意之作。

尽管媒体仍有抵制趋势，加上政府禁止本片在影院大厅宣传，观众们仍然排队观看阿米尔·汗两年磨一剑的成果。达梅什·达山曾在采访中说："真正智慧的观众，能够从众多影片中认出最有娱乐性质的那部，他们最爱这样的作品。"

电影上映一个月了，此片引发的社会思考表明，《摔跤吧！爸爸》想要收获的不仅仅是票房。在写作这本书时，它已经仅次于阿米尔的另一部作品《我的个神啊》，坐稳了印度票房的第二把交椅。

尽管本片受到了观众和评论家的广泛认可，仍有人批评电影有歧视女性的色彩，他们指出：吉塔和芭比塔没有自我，她们的存在只是为了实现父亲的梦想。面向年轻人的门户网站"青年呼声"提出了这样的疑问："表演上的确无可挑剔，然而，这部电影算得上进步吗？"这一质疑得到了众多回应。

由于种种原因，阿米尔的爱国主义和贡献受到了些许质疑，然而影片中印度国旗升起那一刻的象征意义却非比寻常。对于印度观众来说，再也没有比国旗的三色更耀眼的色彩，观众伴随着国歌两次起立，这无疑让那些叫嚣着抵制本片的“民族主义者”们自取其辱。首席部长破格给予本片在本州税收优惠政策，以推动印度政府“保护女儿，教育女儿”活动。该片正在提醒着全印度人：要团结，不要分裂。

抛开民族主义与女权主义的对峙不谈，《摔跤吧！爸爸》的成功，不得不归功于优秀的叙事方式。在印度，电影评论家巴拉德瓦·朗甘在《印度教徒报》表示：“在《摔跤吧！爸爸》以及阿米尔其他的一些作品中，能看到经典印度电影的回归。”他指出本片“于无声处听惊雷”，影片从生活入手，传递高尚思想。达梅什·达山初次受访时曾说：“节奏感是印度电影的特色，但是现在的很多电影不愿再表现这一点了。”他认为，阿米尔与其他演员不同，阿米尔相信印地语电影与众不同的趣味，“无论对世界市场，还是对观众，他都有着全面的认识。”

他是那个三十年前初入影坛的阿米尔，这些年，初衷未改。在过去五年里，他的作品成就几乎可与他事业的前二十多年持平。三十年过去了，一位伟大的演员给我们留下了无数财富。

有一个未知的问题有待解答：阿米尔·汗，这位无所不能的、似乎已经达到所有目标的演员，在下一个五年里，又会给我们带来怎样的惊喜？

后 记[1]

1988 年，在一个寒冷漆黑的夜里，潘恰格尼一家寄宿学校，一群十二岁的小姑娘挤在宿舍下铺的一张床上，一个随身听在她们的手中传来传去。她们在聚精会神地听着一首叫《爸爸说我一定会有出息》的歌，这是几周前刚上映的电影《冷暖人间》的主题曲。姑娘们都在兴奋地谈论男主角的名字——阿米尔·汗。

这些小姑娘中，只有一个完全没听说过《冷暖人间》，随身听很快传到了她的手里。一个热心姑娘跟着歌曲的播放，为她把歌词一句一句地复述了出来。歌词在她的脑海中渐渐清晰，就这样，那个姑娘——也就是我，迷上了阿米尔·汗。

二十二年后，也就是 2011 年的今天，我在班加罗尔的家里，敲打着《阿米尔·汗：我行我素》的书稿。我那还不到六岁的小侄子，在我的电脑旁不停地转悠。小家伙是从小看好莱坞和南印度电影长大的，当他瞧见屏幕上阿米尔·汗的照片，就立刻叫道："摇摆！摇摆！"——他想起了《地球上的星星》中的尼克老师。

当年，阿米尔抱着吉他唱着："爸爸说我一定会有出息。"多年之后，我们看到了他惊人的变化——从深受少女喜爱的奶油小生，转型为演绎大师，他的名字与印度电影界众多里程碑之作紧密相连。他听从自己的内心，用自己的方式制作影片，成了印度电影业最有影响力的人。2000 年之后，他选择参与或制作的电影，更是为印度电影业开创了新潮流。他的电影，涉及印度的男女老少方方面面，他的故事令人赞叹，值得被传颂。

① 译者注：此后记为作者于 2012 年所写，她于 2017 年的再版书中增加了第十一章"近五年，不改我行我素"内容。

基于这些原因，我写了这本回顾阿米尔演艺生涯的书，写作期间，我的足迹遍布班加罗尔、孟买、浦那、乌蒂、金奈和德里。作为一个没有印地语电影背景，也不在印度电影中心孟买工作的作家，我竟选择了阿米尔这样一个低调的明星作为我的主题。所以，不可避免地，我需要足够的勇气和决心来完成这项任务。

在一些朋友和同行记者的带领下，再加上其他机缘，我和书中所提到的导演们见了面。感谢高新科技，让很多事情变得简单了。一次让我难以忘怀的采访，是通过脸书等社交网络进行的。

我非常走运，第一次采访会面非常顺利。我开了很久的车，来到南印度美丽的山城古努尔，拜访电影导演曼苏尔·汗，就是他，在二十二年前用《冷暖人间》把阿米尔送上了明星之路。

曼苏尔在搬到古努尔的自家农场之前，完成了最后三部电影，之后便离开了孟买喧嚣的电影圈。在我们的交谈中，他说：“我通常不会接受这种采访的，这次是为了阿米尔。”

从古努尔壮丽的美景中离开后，我忽然置身于喧嚣的大都市孟买。许多独立电影人在孟买城郊的小公寓楼里创作，在那里，有时会诞生出震惊海内外的作品。因此，要见他们，我需要挨个儿联系他们的工作室。

自然，我的访谈工作不可能一帆风顺。有时候，我打很多次电话，但是没有回应；有时候，提前多次确认的会面被迫临时取消。这项工作的挑战之处不在于和每个独立的工作室保持联系，而在于平衡我在 IT 行业的本职工作和这次的写作计划。

有些采访可以通过邮件和电话完成。有一次，我利用堵车时间完成了采访。我把车停在路边，打开手机扬声器，利用录音机录下了电话采访。关上车窗，勉强过滤掉了外面车水马龙的声音。总之，难以置信的科技发展，大大克服了距离上的障碍。

不管是否准时接受采访，每个导演都表明了自己的态度和观点。虽然是 一个出生在电影世家的影人，曼苏尔·汗却总是以旁观者的姿态看印度电影，不被陈词滥调所扰。英德拉·库马尔回忆了制作《讲心不讲金》和《真爱无敌》的过程，讲述他和阿米尔的故事，他毫不掩饰他的快乐，态度也让他的影片成为优秀的喜剧片。阿蒂特亚·巴塔查亚热衷于分析，本能地倾向理性思考——《灰飞烟灭》就是一场通向人类心灵阴暗处的旅程。在谈到《印度拉贾》时，达梅什·达山展望了将印度电影带向世界的宏愿。拉凯什·奥姆普拉卡西·梅赫拉则在《芭萨提的颜色》中表达了绝不盲从的精神。穆鲁加达斯的谦逊很让人感动，尽管他拍出了当时最成功的一部宝莱坞电影《未知死亡》。拉吉库马尔·希拉尼，则有着与《三傻大闹宝莱坞》中的人物一样的机智和幽默。

有些人以阿米尔的好朋友的身份为他发声，也有人表达了各自的观点，他们对印度多部里程碑之作看法不一。这些采访，让我得以对阿米尔的“演员进化史”有了近距离观察。

有一次，我联系了导演马赫什·巴特，想采访有关《爱在旅途》和《情牵一线》的制作，我告诉他，这本书是通过阿米尔不同时期的电影，来回顾阿米尔的“进化史”，马赫什·巴特则提出了不同的观点：“你预设了他的进化，他如果没有这所谓的进化史，这本书不就写不成了吗？”

令我没想到的是，我通过对他的采访发现，他既不是以阿米尔的朋友身份，也不是以敌人身份，而只是发表了自己的独立看法。正因如此，他对阿米尔冷静客观的评价才显得尤为可信：“阿米尔是个非常勇敢的演员。”

综上所述，《阿米尔·汗：我行我素》是对阿米尔·汗不可思议的电影之路的完整记录。

克里斯蒂娜·丹尼尔斯

2012年于班加罗尔

影片大事记

1984

影片：《胡里节》

主演：阿素托史·哥瓦力克、阿米尔·汗、纳萨鲁丁·沙、欧姆·普瑞

导演：科泰·麦赫塔

制片：联合电影制片公司

原作者：马哈什·艾坤查瓦

编剧：马哈什·艾坤查瓦、科泰·麦赫塔

音乐制作：拉加特·都拉齐亚

1988

影片：《冷暖人间》

主演：阿米尔·汗、玖熹·查瓦拉

导演：曼苏尔·汗

制片：纳西尔·侯赛因

原作者 / 编剧：纳西尔·侯赛因

音乐制作：阿南德－米林德

1989

影片：《灰飞烟灭》

主演：阿米尔·汗、赛博利亚·帕塔克、潘卡吉·卡珀

导演：阿蒂特亚·巴塔查亚

制片：阿西·努尔

原作者 / 编剧：阿蒂特亚·巴塔查亚、努扎特·汗（台词）

音乐制作：兰吉特·巴洛特

影片：《爱爱爱》

主演：阿米尔·汗、玖熹·查瓦拉、古山·格罗弗尔、达力普·塔西尔

导演：巴巴尔·苏巴什

制片：巴巴尔·苏巴什

原作者 / 编剧：巴巴尔·苏巴什

音乐制作：巴比·拉西里

1990

影片：《爱》

主演：戴维·阿南德、阿米尔·汗、艾克塔·索西尼

导演：戴维·阿南德

制片：戴维·阿南德

原作者/编剧：戴维·阿南德

音乐制作：巴比·拉西里

影片：《为了爱你》

主演：阿米尔·汗、玖熹·查瓦拉、拉金德兰纳·祖什

导演：塔希尔·侯赛因

制片：祖哈拉·贝古穆、塔希尔·侯赛因、费尔哈特·汗、尼哈特·汗

原作者：塔希尔·侯赛因、苏兰德拉·辛格

编剧：卡里姆·拉西（剧本）、马丹·乔什（台词）

音乐制作：阿南德－米林德

影片：《讲心不讲金》

主演：阿米尔·汗、玛杜丽·迪克西特、萨伊德·杰弗瑞

导演：英德拉·库马尔

制片：英德拉·库马尔、阿舒克·阿克利亚

原作者：拉吉夫·考尔、普拉弗·帕拉克、诺诗尔·卡陶（顾问）

编剧：拉吉夫·考尔（剧本）、普拉弗·帕拉克（剧本）、卡姆莱什·潘迪（台词）

音乐制作：阿南德－米林德

影片：《为爱痴狂》

主演：阿米尔·汗、玛杜丽·迪克西特

导演：Y. 那格什瓦·拉奥

制片：阿基特·帕舒塔姆、B.L. 拉姆查德

原作者 / 编剧：M. 帕尔维茨

音乐制作：阿南德 – 米林德

影片：《青春万岁》

主演：阿米尔·汗、法尔哈特·纳兹、贾弗德·杰弗瑞

导演：阿伦·巴特

制片：杰·梅塔

编剧：布山·班玛里（剧本）、拉西·马苏穆·拉扎（台词）

音乐制作：阿南德 – 米林德

1991

影片：《爱的故事》

主演：阿米尔·汗、尼拉姆·提玖里、迪帕克·提玖里

导演：沙贾汗

制片：桑杰·赛卡萨利亚、曼诺吉·赛卡萨利亚（副制片）

原作者：博诺·德博

编剧：博诺·德博（剧本）、拉梅什·潘恩特（台词）

音乐制作：巴比·拉西里

影片：《爱在旅途》

主演：阿米尔·汗、普佳·巴特、阿努潘·凯尔、提库·塔萨尼亚

导演：马赫什·巴特

制片：古山·库马尔、穆凯什·巴特（执行制片）

原作者：罗宾·巴特

编剧：罗宾·巴特（剧本）、沙拉德·乔什（台词）

音乐制作：纳迪姆·沙万

1992

影片：《情侣风尘》

主演：阿米尔·汗、玖熹·查瓦拉、提库·塔萨亚，帕莱什·拉瓦尔

导演：S.A. 卡德尔

制片：嘉里·阿赫莫德

原作者：皮亚什·萨普鲁

编剧：纳瓦卜·奥祖（剧本）、阿赫塔尔·苏哈尔（台词）

音乐制作：阿南德－米林德

影片：《情比金坚》

主演：阿米尔·汗、安亚莎·玖卡、迪帕克·提玖里

导演：曼苏尔·汗

制片：纳西尔·侯赛因

原作者：曼苏尔·汗

编剧：曼苏尔·汗（剧本）、纳西尔·侯赛因（台词）

音乐制作：贾丁－拉里

影片：《这就是人生》

主演：阿米尔·汗、法尔哈·纳兹、阿斯拉尼

导演：卡里达斯

制片：拉坦·慕克吉

原作者：曼诺吉·米特拉

编剧：拉梅什·潘特

音乐制作：巴比·拉西里

1993

影片：《传统》

主演：苏尼尔·多特、维诺德·卡纳、阿米尔·汗、阿什维尼·巴弗

导演：雅什·乔普拉

制片：费罗兹·A. 那迪亚瓦拉

原作者：哈尼·伊兰尼

编剧：阿迪提亚·乔普拉（剧本）、哈尼·伊兰尼（剧本）、拉西·马苏穆·拉扎（台词）、苏兰达·普拉卡什（台词补充）

音乐制作：西弗－哈利

影片：《情牵一线》

主演：阿米尔·汗、玖熹·查瓦拉、马斯特·沙洛克、库纳尔·赫姆

导演：马赫什·巴特

制片：塔希尔·侯赛因、兹纳特·侯赛因（副制片）、拉杰·坎德瓦尔（执

行制片）

原作者：罗宾·巴特、苏吉特·森

编剧：罗宾·巴特（剧本 & 台词）、阿米尔·汗（剧本 & 台词）

音乐制作：纳迪姆·沙万

1994

影片：《假假真真》

主演：阿米尔·汗、萨尔曼·汗、拉薇娜·坦顿、卡瑞诗玛·卡普尔、帕莱什·拉瓦尔

导演：拉库马·萨特欧什

制片：维内·库马尔·辛哈、沙提·辛哈（副制片）

原作者：拉库马·萨特欧什

编剧：拉库马·萨特欧什（剧本 & 台词）、狄丽普·舒卡尔（台词）

音乐制作：图沙尔·巴提阿

1995

影片：《忠肝义胆》

主演：阿米尔·汗、马穆塔·库卡尼、帕莱什·拉瓦尔

导演：阿素托史·哥瓦力克

制片：萨利姆·阿赫塔尔

原作者 / 编剧：阿素托史·哥瓦力克

音乐制作：阿努·马利克

影片：《恐怖是恐怖》

主演：拉吉尼坎、阿米尔·汗、玖熹·查瓦拉、欧姆·普瑞、卡伯·贝迪

导演：狄丽普·山卡

制片：莽卡

原作者 / 编剧：狄丽普·山卡

音乐制作：巴比·拉西里、萨米尔·维巴斯

影片：《艳光四射》

主演：杰奇·史洛夫、阿米尔·汗、乌尔米拉·马东卡

导演：拉姆·戈帕尔·维马

制片：拉姆·戈帕尔·维马

原作者 / 编剧：拉姆·戈帕尔·维马、桑杰·彻尔（台词）、尼拉吉·沃拉（台词）

音乐制作：A.R. 拉曼

影片：《激情代价》

主演：阿米尔·汗、玛尼沙·柯伊拉拉、拉克什·罗斯汉、帕莱什·拉瓦尔、萨蒂什·沙阿

导演：曼苏尔·汗

制片：拉坦·佳恩

原作者 / 编剧：曼苏尔·汗、纳西尔·侯赛因（台词）

音乐制作：阿努·马利克

1996

影片：《印度拉贾》

主演：阿米尔·汗、卡瑞诗玛·卡普尔、法丽达·贾拉尔、库纳尔·赫姆

导演：达梅什·达山

制片：阿雷·莫拉尼、卡里姆·莫拉尼、布提·苏尔玛

原作者：达梅什·达山

编剧：达梅什·达山、罗宾·巴特(剧本)、贾弗德·西迪克(台词)

音乐制作：纳迪姆·沙万

1997

影片：《真爱无敌》

主演：阿米尔·汗、阿杰·德乌干、玖熹·查瓦拉、卡卓尔

导演：英德拉·库马尔

制片：戈尔汉·坦瓦尼

原作者：拉吉夫·考尔、普拉弗·帕拉克、诺希尔·卡特欧(顾问)

编剧：拉吉夫·考尔(剧本)、普拉弗·帕拉克(剧本)、坦维尔·汗(台词)

音乐制作：阿努·马利克

1998

影片：《古拉姆》

主演：阿米尔·汗、拉尼·玛克赫吉、拉吉特·卡普尔、阿舒托·史拉纳

导演：维克拉姆·哈特

制片：穆凯什·巴特

原作者/台词/剧本：阿玖姆·拉贾巴里

音乐制作：贾丁－拉里

1999

影片：《义无反顾》

主演：纳萨鲁丁·沙、阿米尔·汗、索娜丽·本德

导演：约翰·马修·马塔

制片：约翰·马修·马塔

原作者：约翰·马修·马塔

编剧：约翰·马修·马塔（剧本）、希里德·兰尼（台词），帕提克·瓦塔斯（台词）

音乐制作：贾丁－拉里

影片：《终成眷属》

主演：阿米尔·汗、玛尼沙·柯伊拉拉、达力普·塔希尔、安尼尔·卡普、拉尼·玛克赫吉

导演：英德拉·库马尔

制片：英德拉·库马尔、阿舒克·阿克利亚

原作者：诺希尔·卡特欧（顾问）

编剧：阿提什·卡帕蒂亚

音乐制作：达山·塔托德、萨吉夫·拉托德、那拉什·莎尔玛

影片：《大地 1947》

主演：阿米尔·汗、玛雅·赛特纳、兰迪塔·达斯

导演：迪帕·梅塔

制片：安妮·梅森、迪帕·梅塔、大卫·汉密尔顿（执行制片）、贾穆·苏戈汉德（执行制片）

原作者：巴斯·希德瓦

编剧：迪帕·梅塔

音乐制作：A.R. 拉曼

2000

影片：《复仇的火焰》

主演：阿米尔·汗、婷蔻·坎纳、费萨尔·汗

导演：达梅什·达山

制片：乌梅德·贾伊、拉卡沙·米斯特瑞

原作者 / 编剧：达梅什·达山、罗宾·巴特（剧本）、桑吉夫·丹戈欧 （剧本）、尼拉吉·沃拉（剧本 & 台词）

音乐制作：阿努·马利克、苏兰德·苏迪

2001

影片：《印度往事》

主演：阿米尔·汗、格蕾丝·辛格、蕾切尔·雪莉

导演：阿素托史·哥瓦力克

制片：阿米尔·汗

原作者：阿素托史·哥瓦力克

编剧：阿素托史·哥瓦力克（剧本）、库马尔·戴弗（剧本）、桑杰·戴玛（剧本）、K.P. 萨克希那（台词）

音乐制作：A.R. 拉曼

影片：《心归何处》

主演：阿米尔·汗、赛义夫·阿里·汗、阿克夏耶·坎纳

导演：法尔汗·阿赫塔尔

制片：里特什·希德瓦尼、普拉维恩·塔尔拉贾（副制片）

原作者：法尔汗·阿赫塔尔、卡西姆·贾戈玛吉亚（协助）

编剧：法尔汗·阿赫塔尔

音乐制作：里特什·希德瓦尼

2005

影片：《抗暴英雄》

主演：阿米尔·汗、拉尼·玛克赫吉、托比·斯蒂芬斯

导演：科泰·麦赫塔

制片：鲍比·贝迪、迪帕·萨希

台词/剧本：兰吉特·卡普（印地语台词）、法鲁克·唐迪（剧本）

音乐制作：A.R. 拉曼

2006

影片：《芭萨提的颜色》

主演：阿米尔·汗、西达尔特、沙尔曼·乔什、库纳尔·卡普、马德哈万

导演：拉凯什·奥姆普拉卡西·梅赫拉

制片：拉凯什·奥姆普拉卡西·梅赫拉、大卫·莱德、罗尼·斯克鲁瓦拉

原作者：卡姆拉什·潘迪

编剧：拉凯什·奥姆普拉卡西·梅赫拉、莱兹尔·大卫

音乐制作：A.R. 拉曼

影片：《为爱毁灭》

主演：阿米尔·汗、卡卓尔、塔布

导演：库纳尔·科利

制片：阿迪提亚·乔普拉、雅什·乔普拉

原作者：施巴尼·巴提佳

编剧：施巴尼·巴提佳

音乐制作：贾丁－拉里

2007

影片：《地球上的星星》

主演：达席尔·萨法瑞、阿米尔·汗、塔奈·切赫达

导演：阿米尔·汗

制片：阿米尔·汗

编剧：阿莫尔·古普特

原作者：阿莫尔·古普特

音乐制作：山卡·伊夏·罗伊

2008

影片：《未知死亡》

主演：阿米尔·汗、赛义夫·阿穆德、提努·阿南德、阿辛、吉雅·汗

导演：A.R. 穆鲁加达斯

制片：泰戈尔·玛度、玛度·玛缇那·瓦尔玛

原作者／编剧：A.R. 穆鲁加达斯、皮雅什·米什拉（台词）

音乐制作：A.R. 拉曼

2009

影片：《三傻大闹宝莱坞》

主演：阿米尔·汗、卡琳娜·卡普尔、波曼·伊拉尼、马德哈万、沙尔曼·乔什、奥米·瓦依达、莫纳·辛格

导演：拉吉库马尔·希拉尼

制片：维德胡·维诺德·乔普拉

原作者：拉吉库马尔·希拉尼、阿比加特·乔什

台词/剧本：维德胡·维诺德·乔普拉(剧本顾问)、拉吉库马尔·希拉尼、阿比加特·乔什

音乐制作：山卡·伊夏·罗伊

2011

影片：《孟买日记》

主演：阿米尔·汗、莫妮卡·多格拉、科瑞提·玛鲁特拉

导演：基兰·拉奥

制片：阿米尔·汗、基兰·拉奥

原作者：基兰·拉奥

台词/剧本：基兰·拉奥

音乐制作：古斯塔沃·桑托纳拉

2012

影片：《觅迹寻踪》

主演：阿米尔·汗、卡琳娜·卡普尔、拉尼·玛克赫吉

导演：瑞玛·卡提

制片：阿米尔·汗、里特什·希德瓦尼、法尔汉·阿赫塔尔

原作者：瑞玛·卡提、卓娅·阿赫塔尔

编剧：瑞玛·卡提、卓娅·阿赫塔尔、法尔汉·阿赫塔尔、阿努拉格·卡斯业

音乐制作：拉姆·桑巴斯

2013

影片：《幻影车神3》

主演：阿米尔·汗、卡特莉娜·卡芙、阿布舍克·巴强、尤代·乔普拉、塔布莱特·贝赛尔、杰奇·史洛夫

导演：维贾伊·克利须那·阿查里雅

制片：阿迪提亚·乔普拉

原作者：维贾伊·克利须那·阿查里雅、阿迪提亚·乔普拉

编剧：维贾伊·克利须那·阿查里雅、阿迪提亚·乔普拉

音乐制作：帕里塔姆·查克拉波提、玖里乌斯·帕奇亚穆

2014

影片：《我的个神啊》

主演：阿米尔·汗、安努舒卡·莎玛、苏尚特·辛格·拉吉普特、桑杰·达特、波曼·伊拉尼、沙鲁巴·舒可拉

导演：拉吉库马尔·希拉尼

制片：拉吉库马尔·希拉尼、维德胡·维诺德·乔普拉

原作者：拉吉库马尔·希拉尼、阿比加特·乔什

编剧：拉吉库马尔·希拉尼、阿西奇·乔希、维德胡·维诺德·乔普拉

音乐制作：阿图·戈咖瓦勒、山塔努·莫伊特拉·安奇特·提瓦力、阿图·拉尼咖、桑杰·万达利卡

2016

影片：《摔跤吧！爸爸》

主演：阿米尔·汗、沙克希·坦沃、法缇玛·萨那·纱卡、桑亚·玛荷塔

导演：尼特什·提瓦瑞

制片：UTV 影片公司、迪士尼制片公司、阿米尔·汗制片公司

原作者：尼特什·提瓦瑞、施瑞亚什·佳恩、皮雅什·古帕塔

编剧：尼特什·提瓦瑞、尼希尔·玛鲁特拉、比于什·古普塔、施热亚·简

音乐制作：帕里塔姆·查克拉波提

（截至 2017 年，不含客串和儿童演员）

奖项和荣誉

印度国家电影奖

1989 凭借《灰飞烟灭》获得评委会大奖最佳男主角奖

2001 《印度往事》获得最佳流行电影奖

2008 《地球上的星星》获得最佳家庭福利电影奖

印度电影观众奖

1989 凭借《冷暖人间》获得最佳新人奖

1997 凭借《印度拉贾》获得最佳男主角奖

2002 凭借《印度往事》获得最佳男主角奖

2002 《印度往事》获得最佳影片奖

2007 凭借《芭萨提的颜色》获得影评人最佳表演奖

2008 《地球上的星星》获得最佳影片奖

2008 凭借《地球上的星星》获得最佳导演奖

2017 凭借《摔跤吧！爸爸》获得最佳男主角奖

2017 《摔跤吧！爸爸》获得最佳影片奖

明星协会奖

1997 凭借《印度拉贾》获得最佳男主角奖

2008 凭借《地球上的星星》获得最佳男配角奖

2008 凭借《地球上的星星》获得最佳导演奖

国际印度电影奖

2002 凭借《印度往事》获得最佳男主角奖

2002 《印度往事》获得最佳影片奖（与阿素托史·哥瓦力克一同获奖）

2009 《印度往事》获得年代最佳影片奖

孟加拉电影记者协会奖

1995 凭借《激情代价》《艳光四射》获得最佳男主角奖

2001 凭借《印度往事》获得最佳男主角奖

Zee Cine 奖

2000 凭借《义无反顾》获得最佳男主角奖

2002 凭借《印度往事》获得最佳男主角奖

2008 凭借《地球上的星星》获得最佳导演奖

2017 《摔跤吧！爸爸》获得最佳影片奖

宝莱坞电影奖

2002 凭借《印度往事》获得最佳男主角奖

2002 凭借《心归何处》获得影评人最佳男演员奖

其他奖项

2001 宝莱坞人民选择奖：凭借《印度往事》获得最佳男主角奖

2008 宝莱坞人民选择奖星球奖：凭借《地球上的星星》获得最佳导演奖

2008 宝莱坞人民选择奖星球奖：凭借《地球上的星星》获得最佳男配角奖

2008 V. 沙恩塔拉姆星球奖：《地球上的星星》获得最佳影片金奖

2008 V. 沙恩塔拉姆星球奖：凭借《地球上的星星》获得最佳导演银奖

2009 宝莱坞 Hungama 观众选择奖：凭借《未知死亡》获得最佳男主角奖

2009 飞天奖：《地球上的星星》获得最佳影片奖

2009 飞天奖：凭借《地球上的星星》获得最佳导演奖

2010 达达沙赫博·帕克奖：凭借《三傻大闹宝莱坞》获得最佳表演奖

2013 Inaugural 美国奖：《真相访谈》获得最佳海外媒体奖

2014 ETC 宝莱坞行业奖：凭借《幻影车神 3》获得最高票房男演员奖

2014 印度明星票房奖：凭借《幻影车神 3》获得年度最佳男演员奖

2015 ETC 宝莱坞行业奖：凭借《我的个神啊》获得最高票房男演员奖

荣誉及称号

2001 获得《孟买时报》提名的“年度先生”

2003 获得印度政府颁发的莲花士荣誉勋章（印度第四级公民荣誉奖）

2008 因对票房的贡献，获得由玛鲁蒂公司赞助颁发的狄南那斯·莽戈什卡尔大师特别奖

2009 获得印度新德里电视台“印度年度电影人”称号

2009 获得 CNN-IBN 电视台“印度年度娱乐工作者”称号

2009 入围国际电影艺术学会 - 印度工商业联盟评选的十大先进人物杰出荣誉奖，获得“年代最杰出娱乐工作者”称号

2009 因对印度电影的杰出贡献，获得马哈拉施特拉邦政府颁发的"拉杰·卡普崇高记忆特别奖"

2010 获得印度政府颁发的莲花装荣誉勋章（印度第三级公民荣誉奖）

2011 成为联合国儿童基金会儿童营养问题印度形象大使

2012 登上《时代周刊》封面

2013 入围《时代周刊》评选的"全世界最有影响的一百人"

2017 凭借《摔跤吧！爸爸》获得 狄南那斯·莽戈什卡尔大师奖

图书在版编目（CIP）数据

阿米尔·汗：我行我素 /（印）克里斯蒂娜·丹尼尔斯著；白迪译. — 北京：北京联合出版公司，2017.6

ISBN 978-7-5596-0511-5

Ⅰ. ①阿… Ⅱ. ①克… ②白… Ⅲ. ①阿米尔·汗—传记 Ⅳ. ①K833.515.78

中国版本图书馆CIP数据核字(2017)第109085号

著作权合同登记　图字：01-2017-3706号

阿米尔·汗：我行我素

作　　者：（印）克里斯蒂娜·丹尼尔斯
译　　者：白　迪
责任编辑：管　文
装帧设计：仙境设计

北京联合出版公司
（北京市西城区德外大街 83 号楼 9 层　100088）
河北鹏润印刷有限公司　新华书店经销
字数：253千字　700毫米 ×980毫米　1/16　印张：18
2017 年 6 月第 1 版　2017 年 6 月第 1 次印刷
ISBN 978-7-5596-0511-5
定价：52.80 元